DEREK PRINCE

Enfrente el Futuro sin Temor

DEREK PRINCE

Enfrente el Futuro sin Temor

Guía profética para los
últimos tiempos

Editorial Desafío

Traducción: *Rogelio Díaz-Díaz*
Edición: *Carlos R. Peña B.*

Editado y distribuido por
Editorial Desafío
Cra.28ª No. 64ª- 34, Bogotá, Colombia
Tel. (571) 6 30 0100
E-mail:desafio@editorialbuenasemilla.com
www.editorialdesafio.com

Categoría: Vida Cristiana/Profecía
ISBN: 978-958-8285-90-0
Producto No: 601012

Impreso en Colombia
Printed in Colombia

Contenido

1

La Biblia
devela el futuro

La historia nos dice algo singular acerca de la raza humana: tenemos un hambre tremenda por conocer lo que el futuro nos tiene reservado. Por tradición hemos buscado este conocimiento a través de medios espirituales que superan nuestra razón o capacidad como la astrología, las predicciones de los oráculos, la adivinación y varias formas de misticismo. Estos intentos han demostrado ser esquivos y engañosos.

En tiempos recientes hemos acudido para saciar esa hambre a formas más sofisticadas y científicas. Expertos en varios campos —física, sociología, economía, aún demografía y población, producción de alimentos y predicción del tiempo— han realizado numerosos estudios que pretenden arrojar luz sobre los días futuros. Sus resultados estimulan la reflexión y son útiles. Sin embargo, éstos sólo confirman el hecho de que ninguna mente ni sistema humano pueden prever las muchas contingencias que afectan los acontecimientos futuros. Por esta razón, ninguno se puede aceptar como totalmente confiable.

No obstante, subsiste una tercera fuente en la que podemos buscar revelación acerca del futuro. Allí hay una confiabilidad impecable. Se trata de la Biblia, en cuyas páginas yace el discernimiento profético que buscamos. Sólo la Palabra de Dios puede satisfacer nuestro anhelo de mirar hacia el futuro.

Ante todo, debemos entender que la Biblia ofrece luz a todos los que la estudian y obedecen. Un buen número de pasajes escriturales enfatizan este hecho, incluso las palabras conocidas del salmista dirigidas al Señor: «Lámpara es a mis pies tu palabra, y lumbrera a mi camino» (Salmo 119:105). Para movernos hacia adelante, por lo general necesitamos pies y una senda que seguir. Sin embargo, para avanzar con confianza necesitamos ayuda para ver hacia dónde es que nos dirigimos. La Palabra de Dios alumbra nuestros pies y sendero; en otras palabras, la Biblia nos muestra en dónde dar el siguiente paso. Quizá no siempre nos muestre un largo trayecto, pero nunca se nos dejará caminando a oscuras. ¡Qué tremenda bendición es esto! Si estudiamos y obedecemos la Biblia, jamás caminaremos en tinieblas.

Con este deseo universal de conocer lo que depara el futuro, podríamos pensar que los creyentes que consideran la Biblia como la inspirada revelación de la voluntad de Dios escudriñarían sus páginas con fervor para tener una comprensión del período inmediatamente anterior a la Segunda Venida del Señor, al cual se refiere la Biblia como «los últimos días» en por lo menos la mitad de sus libros. Sin embargo, en mi contacto con cristianos de nacionalidades, denominaciones y trasfondos diferentes, he hallado justamente lo contrario. Me he encontrado de forma sistemática con una apreciación inapropiada de la importancia de la profecía bíblica. Reconozco que a algunos cristianos les han hecho perder el interés los así llamados profetas que han hecho predicciones en el nombre del Señor, incluso de la fecha exacta de su regreso. Debido a que esto ocurre de tiempo en tiempo en la historia de la iglesia, la gente se desanima y dice: «Si eso es la profecía, no quiero nada de eso». Una conclusión desastrosa porque los cristianos necesitan entender la profecía bíblica. ¿Por qué puedo decir tal cosa con tanta seguridad? Porque al menos una cuarta parte de la

Biblia es profecía predictiva. No podemos darnos el lujo de ignorar la cuarta parte de las Escrituras y esperar recibir todo lo que Dios tiene para nosotros. Miremos lo que Dios mismo dice respecto a su Palabra profética.

Dios revela el futuro

A través de toda la Biblia, Dios afirma que él revela el futuro en sus páginas. Miremos este pasaje:

«Así dice el Señor, el Señor Todopoderoso, rey y redentor de Israel: «Yo soy el primero y el último; fuera de mí no hay otro dios. ¿Quién es como yo? Que lo diga. Que declare lo que ha ocurrido desde que establecí a mi antiguo pueblo; que exponga ante mí lo que está por venir, ¡que anuncie lo que va a suceder!»»   (Isaías 44:6-7 NVI).

El Señor presenta un reto aquí: «Yo soy Dios. Yo sé lo que ocurrió en el pasado, y sé lo que ocurrirá en el futuro. Si alguien me cuestiona, que venga con la misma cantidad de información fáctica que yo ofrezco». Luego, en el versículo siguiente, le dice a su pueblo: «No tiemblen ni se asusten. ¿Acaso no lo anuncié y profeticé hace tiempo?» (v. 8 NVI).

Quienes hacen predicciones tomadas de fuentes «alternativas» de información, con facilidad se descubren como impostores. De los astrólogos, los videntes y los adivinadores de la suerte —que abundaban en los días bíblicos, tal como abundan el día de hoy— el Señor dice lo siguiente:

«Así dice el Señor, tu Redentor, quien te tomó en el seno materno: «Yo soy el Señor, que ha hecho todas las cosas, yo solo desplegué los cielos y expandí la tierra. ¿Quién estaba conmigo? Yo frustro las señales de los falsos profetas y ridiculizo a los adivinos; yo hago retroceder a los sabios y convierto su sabiduría en necedad. Yo confirmo la palabra de mis siervos, y cumplo el consejo de mis mensajeros»»
                                        (Isaías 44:24-26 NVI).

Cuando los siervos de Dios predicen, Dios respalda lo que ellos dicen y se cuida de que ello ocurra. No obstante, cuando los falsos profetas predicen, Dios trastorna sus palabras y los ridiculiza. Sólo la Palabra de Dios permanece; su propósito es el único que se cumplirá. El Dios Todopoderoso está hablando en estos versículos, el que creó los cielos y la tierra, a la raza humana y a todas las cosas. Él tiene el pleno control de todo cuanto creó.

«Recuerden las cosas pasadas, aquellas de antaño; yo soy Dios y no hay ningún otro, yo soy Dios y no hay nadie igual a mí. Yo anuncio el fin desde el principio; desde los tiempos antiguos, lo que está por venir. Yo digo: Mi propósito se cumplirá, y haré todo lo que deseo»

(Isaías 46:9-10 NVI).

Si creemos que sólo Dios puede revelar el futuro, se deduce que debemos lograr una correcta valoración de su soberanía, su majestad y su justicia. Dios jamás comete errores; Él lo hace todo bien hecho. Es posible que hayamos pasado por situaciones que nos dejaran preguntándonos si quizá fue injusto, pero eso es imposible. Dios es siempre justo y siempre tiene la razón.

Hay un pasaje de la Escritura que me gusta repetir como una declaración propia. Lo tomo de dos capítulos del libro del profeta Daniel, y declara la soberana majestad de Dios:

«Sea bendito el nombre de Dios de siglos en siglos, porque suyos son el poder y la sabiduría. Él muda los tiempos y las edades; quita reyes, y pone reyes; da la sabiduría a los sabios, y la ciencia a los entendidos. Él revela lo profundo y lo escondido; conoce lo que está en tinieblas, y con él mora la luz / cuyo dominio es sempiterno, y su reino por todas las edades. Todos los habitantes de la tierra son considerados como nada; y él hace según su voluntad en el ejército del cielo, y en los habitantes de la tierra, y no hay quien detenga su mano, y le diga: ¿Qué haces?»

(Daniel 2:20-22; 4:34-35).

Los dos últimos versículos son las palabras de Nabucodonosor, que pasó por un tiempo bastante difícil para llegar a ese conocimiento. Duró siete años viviendo como animal en el campo; su pelo creció como plumas de águila, sus uñas como las de las garras de un animal; y comía hierba del campo. Sin embargo, al final de los siete años, Dios restauró todo lo que había perdido.

Para entonces, Nabucodonosor había llegado a ser un hombre diferente, transformado por la escuela de la disciplina de Dios. Este fue su testimonio: «Tu dominio es un dominio eterno. Todos los habitantes de la tierra son considerados como nada. Tú haces conforme a tu voluntad en el ejército del cielo y entre los habitantes de la tierra. Nadie puede detener tu mano». Aunque había gobernado como el monarca más poderoso de la tierra en ese tiempo, llegó a darse cuenta de que había uno infinitamente más poderoso, el Dios de Israel. Este conocimiento de la soberanía de Dios es un fundamento esencial para acercarnos a la profecía bíblica.

Prueba de que sus profecías son verdaderas

Si tenemos alguna otra duda de la capacidad de Dios o de sus planes para revelar el futuro a través de la Biblia, tan solo necesitamos mirar su historial. A continuación se dan dos ejemplos prominentes, predicciones que se hicieron en relación con la vida de Jesús y la nación de Israel. Éstas son sólo unas cuantas de las muchas predicciones hechas hace miles de años y que han tenido y siguen teniendo un cumplimiento exacto incluso en cada uno de los detalles.

La vida de Jesucristo

Palabras que los profetas de Dios hablaron, tal como están registradas en el Antiguo Testamento, predicen cada acontecimiento significativo en la vida de Jesús con detalles exactos. Cuando cada una de estas profecías se cumplió, la Biblia dice que ocurrió «para que la Escritura se cumpliese». Aquí están diecisiete sucesos específicos en la vida de Jesús como fueron profetizados en el

Antiguo Testamento y la manera en que se cumplieron según los relatos del evangelio:

❀ Su nacimiento de una virgen (ver Isaías 7:14 '! Mateo 1:24-25).

❀ Su nacimiento en Belén (ver Miqueas 5:2 '! Lucas 2:4-7).

❀ Su huída a Egipto (ver Oseas 11:1 '! Mateo 2:15).

❀ Su unción por el Espíritu Santo (ver Isaías 61:1 '! Mateo 3:16).

❀ Su ministerio en Galilea (ver Isaías 9:1-2 '! Mateo 4:15-16).

❀ Sanaba a los enfermos (ver Isaías 61:1 '! Juan 5:1-9).

❀ El uso que hacía de las parábolas (ver Salmo 78:2 '! Mateo 13:34-35).

❀ La traición que sufrió por parte de un amigo (ver Salmo 41:9 '! Juan 13:18).

❀ Ser abandonado por sus discípulos (ver Salmo 88:8 '! Marcos 14:50).

❀ Ser odiado sin causa (ver Salmo 35:19 '! Juan 15:25).

❀ Ser rechazado por los Judíos (ver Isaías 53:3 '! Juan 1:11).

❀ Ser condenado con los criminales (ver Isaías 53:12 '! Lucas 22:37).

❀ El hecho de que se repartieran sus vestidos (ver Salmo 22:18 ! Mateo 27:35).

❀ Le ofrecieron vinagre para calmar su sed (ver Salmo 69:21 !Mateo 27:48).

❀ El hecho de que su cuerpo fue traspasado por una lanza pero sin fracturar sus huesos (ver Salmo 34:20 '! Juan 19:36. Zacarías 12:10 '! Juan 19:37).

❀ Fue sepultado en la tumba de un hombre rico (ver Isaías 53:9 '! Mateo 27:57-60).

❀ Su resurrección de entre los muertos al tercer día (ver Oseas 6:2 '! Lucas 24:46).

La Escritura es infalible en todos estos detalles relativos a la vida de Jesús.

La historia de la nación de Israel

Nuestro segundo ejemplo de profecía bíblica involucra la historia de la nación de Israel. Otra vez los ejemplos son demasiado numerosos para listarlos aquí, pero es suficiente decir que la Biblia ha predicho el curso de la historia de Israel con exactitud durante los tres mil quinientos años pasados. A continuación mencionaremos algunos aspectos específicos de la historia de Israel, profetizados en la Biblia mucho antes de que ocurrieran:

* La esclavitud en Egipto (ver Génesis 15:13).

* La liberación llevándose gran riqueza (ver Génesis 15:14).

* La posesión de la tierra de Canaán (ver Génesis 15:18-20).

* Su desviación allí hacia la idolatría (ver Deuteronomio 32:15-21).

* Centro de adoración en Jerusalén (ver Deuteronomio 12:5-6; Salmo 132:13-14).

* La cautividad en Asiria (ver Amós 5:27; 6:14; 7:17).

* La cautividad en Babilonia (ver Jeremías 16:13; 21:10).

* Destrucción del primer templo (2 Crónicas 7:19-22).

* Regreso de Babilonia (ver Isaías 6:11-13; 48:20).

* Destrucción del segundo templo (ver Mateo 24:2; Lucas 19:43-44).

* Su dispersión entre todas las naciones (Levítico 26:33-34; Ezequiel 12:15).

* Perseguido y oprimido (ver Levítico 26:36-39).

* La reunión en su tierra proveniente de todas las naciones (ver Isaías 11:11-12; Zacarías 10:9-10).

Y las tres siguientes son algunas de las que todavía no se han cumplido:

❋ Todas las naciones se ponen en contra de Jerusalén (ver Zacarías 12:2-3; 14:1-2).

❋ Revelación sobrenatural del Mesías (ver Zacarías 12:10-14).

❋ Venida en gloria del Mesías (ver Zacarías 14:3-5).

Podemos acudir con confianza a la luz de la historia comprobada de la Biblia como fuente de información acerca de los sucesos futuros. Recuerde que si estudiamos y obedecemos la Biblia, no tenemos que andar en tinieblas.

Prestar atención a la profecía bíblica

Pues bien, esto nos plantea una pregunta final antes de empezar en la Biblia el estudio de la profecía acerca de los tiempos del fin. ¿Cuál es el propósito final? ¿Por qué nos entregó Dios un libro que nos dice lo que ocurrirá en el futuro? Todas las demás profecías de las Escrituras que están por cumplirse tienen una misión central: hacernos conscientes de la venida del Señor como una realidad inminente.

Miremos tan solo un versículo del Nuevo Testamento. En éste, Pedro ha estado escribiendo acerca de la revelación que él y otros dos apóstoles tuvieron de Jesús en el monte de la transfiguración, cuando vieron la honra y la gloria que el Padre derramó sobre él. Luego relata que hay algo aún más importante: «Tenemos también la palabra profética más segura, a la cual hacéis bien en estar atentos como a una antorcha que alumbra en lugar, oscuro hasta que el día esclarezca y el lucero de la mañana salga en vuestros corazones» (2 Pedro 1:19). Es como si el apóstol estuviera diciendo: *la revelación que tuvimos en el monte de la transfiguración fue maravillosa. Es válida y está registrada ahora en la Escritura, pero hay algo mucho más seguro: la palabra profética de la Escritura, las profecías escritas de la Biblia.*

Hagamos, pues, una distinción crucial. El don de profecía —el cual aprecio, en el cual creo, y el que ejercito de tiempo en tiempo— nos llega por agentes humanos y debe juzgarse por las Escrituras. No obstante, cuando hablamos —como Pedro lo hace aquí— de la palabra profética dada en la Escritura, *no* la juzgamos. Existe una gran diferencia entre el don de profecía y la profecía bíblica. Toda palabra de Dios es pura, como plata purificada siete veces en el horno (ver Salmo 12:6). La palabra profética de Dios, escrita, posee una autoridad total y absoluta, y el apóstol dice que hacemos bien en estar atentos a la misma. En otras palabras, es de nuestro mayor interés prestarle atención. Si no lo hacemos, nos privamos de una importante provisión de Dios para nuestra vida.

Necesitamos prestar atención a la palabra profética «hasta que el día esclarezca y el lucero de la mañana salga en nuestros corazones». Pedro no habla aquí de lo que está ocurriendo en el mundo sino de lo que acontece en nuestros corazones. Incluso si una persona es creyente –salvada, bautizada en el Espíritu y destinada para los cielos–, estará caminando en oscuridad aquí en la tierra si ignora la luz que Dios ha provisto. Caminar en oscuridad no quiere decir que se nos niegue la entrada a los cielos al morir; pero sí que estaremos tropezando y andando a tientas mientras estemos sobre la tierra, sin comprender lo que está pasando, temerosos y confundidos.

Mientras prestaba servicio militar durante la I y la II Guerra Mundial, pasé tres años estacionado en los desiertos del norte de África. La mayor parte de ese tiempo vivimos guiados por el sol por cuanto no teníamos fuentes de luz artificial. Cuando anochecía, nos acostábamos. Cuando amanecía, nos levantábamos. Durante ese tiempo pude observar algunas vistas singulares. Una era que, en ciertas épocas del año, cuando el sol estaba a punto de salir, el horizonte se iluminaba y una luz intensa se hacía más patente en cierta parte del cielo. Uno pensaba que se trataba del sol que ya salía, pero no era así; era la estrella, o el lucero de la mañana, llamado también aurora. Esta era una señal infalible: cuando ésta aparecía, sabíamos que el sol estaba a punto de salir. Pedro nos dice que le permitamos a esta aurora –estrella de la mañana– salir en nuestros corazones, porque cuando aparezca, sabremos con seguridad que Jesús llegará. Dios desea que cada uno de nosotros viva con emocionada expectativa el regreso del Señor. Así es como cada creyente debe hacerlo.

Tal como nos lo dice Hebreos 9:28, Jesús aparecerá para todos los que esperan con fervor su venida. ¿Lo estamos esperando de esa forma? Si la estrella de la mañana ha aparecido en nuestros corazones, lo esperaremos con gran expectativa y él aparecerá por segunda vez.

Volvamos, pues, a la guía profética de Dios para los últimos tiempos. Hay mucho que él quiere decirnos acerca de estos días, en los cuales estamos comenzando a ver el resplandor de la estrella de la mañana.

2

Esperar con la motivación correcta

Si nuestra meta es en realidad entender la profecía bíblica, el primer paso debe ser la preparación de nuestros corazones. Debemos asumir la actitud correcta al enfrentar el futuro. En este capítulo le proveeré una base bíblica para desarrollar una actitud que honre a Jesús y nos prepare para esperar su regreso.

Esperar su venida

El primer punto es fundamental; es en efecto tan sencillo que, a primera vista, puede que no nos percatemos de su importancia. Como cristianos, estamos esperando a Jesucristo, y de manera inversa, no estamos esperando al anticristo. La Biblia enseña que ha habido muchos anticristos y que, a medida que nos acercamos al final de esta era, habrá muchos más.

La Biblia declara que habrá un personaje particular en la historia humana llamado el anticristo. Es posible que su figura ya se visualice en el escenario de la historia, y que su aparición esté muy próxima, prácticamente a la mano, pero nosotros no lo esperamos a él.

He conocido compañeros creyentes que están tan ocupados con sus teorías acerca del anticristo —su número, nombre, los países que gobernará, métodos que utilizará, cómo pondrá su sello en las frentes y manos de las personas— que son casi sus agentes de publicidad. Nuestra tarea como cristianos no es ser testigos del anticristo sino de Cristo. Jesús mismo lo dijo: «Me seréis testigos» (Hechos 1:8).

Permítame suministrarle algunos pasajes bíblicos que dejan este asunto bien claro. En 1 Tesalonicenses, Pablo felicita a sus convertidos y discípulos en Tesalónica y les informa que la gente que los rodea está impresionada por su forma de vida:

> «Ellos mismos cuentan de lo bien que ustedes nos recibieron, y de cómo se convirtieron a Dios dejando los ídolos para servir al Dios vivo y verdadero. Y esperar del cielo a Jesús, su Hijo a quien resucitó, que nos libra del castigo venidero»   (1 Tesalonicenses 1:9-10 NVI).

Como cristianos, estamos esperando que Jesús, el Hijo de Dios, regrese de los cielos. Quienes lo estemos esperando tenemos la garantía de que nos rescatará de la ira venidera sobre la tierra; es decir, de la Tribulación. Cómo nos rescatará es otro asunto, pero creo que la garantía se da sólo a quienes claramente lo esperan. Otro pasaje escritural dice lo mismo:

> «Y así como está establecido que los seres humanos mueran una sola vez, y después venga el juicio, también Cristo fue ofrecido en sacrificio una sola vez para quitar los pecados de muchos; y aparecerá por segunda vez, ya no para cargar con pecado alguno, sino para traer salvación a quienes lo esperan»   (Hebreos 9:27-28 NVI).

Cuando Jesús vuelva, lo hará con salvación sólo para quienes lo estén esperando. Quienes no lo esperan, encontrarán su juicio. Es de la mayor importancia personal para todos nosotros cultivar esta actitud de espera de Jesús, a fin de que nuestra atención no se distraiga con ninguna otra cosa.

Radiante confianza

Un resultado práctico de esperar a Jesús —de tener nuestra mirada fija en él con expectativa— es lo que llamo una «radiante confianza». En dos hermosos versículos del Salmo 34, el salmista David dice: «Busqué al Señor, y él me respondió; me libró de todos mis temores» (Salmo 34:4-5 NVI).

Estos versículos son, en parte, el testimonio personal de David, y en parte, una declaración general. En primer lugar, David está diciendo: *yo podría estar temeroso de lo que me reserva el futuro, pero busqué al Señor y él me libró de todos mis temores.* Debemos hacernos la pregunta: ¿hemos buscado al Señor y hemos sido liberados de todos nuestros temores respecto al futuro? Si todavía no lo hemos hecho, podemos aún hacerlo.

Luego David sigue con la declaración general en cuanto a tener una actitud expectante hacia el Señor. Porque una actitud radiante provee una posición segura y práctica para buscar y esperar al Señor.

La expresión de nuestro rostro dice qué dirección seguimos. Si tenemos caras sombrías que reflejan preocupación y temor, no estamos mirando la luz; pero si nuestros rostros están radiantes, llenos de paz y plena confianza, sólo hay una explicación para ello: tenemos nuestra mirada dirigida hacia la fuente de luz, Jesús.

Una vida santa

Otro resultado importante y práctico de la actitud de esperar a Cristo es la motivación de vivir una vida santa. El Nuevo Testamento reitera esta verdad muchas veces como aquí:

> «Queridos hermanos, ahora somos hijos de Dios, pero todavía no se ha manifestado lo que habremos de ser. Sabemos, sin embargo, que cuando Cristo venga seremos semejantes a él, porque lo veremos tal como él es. Todo el que tiene esta esperanza en Cristo, se purifica a sí mismo, así como él es puro»   (1 Juan 3:2-3 NVI).

Cuando tenemos esa constante expectativa, la gozosa esperanza de que veamos al Señor y seamos transformados hasta ser como él es, la aplicación lógica y natural en nuestra vida es que nos purificamos y nos alistamos para su venida. La norma de pureza establecida es alta: nos purificamos a sí mismos, así como él es puro.

Este tipo de espera motiva tanto a quien ministra el evangelio como a los que son ministrados. Pablo lo declara en su ministerio a los cristianos de Tesalónica: «En resumidas cuentas, ¿cuál es nuestra esperanza, alegría o motivo de orgullo delante de nuestro Señor Jesús para cuando él venga? ¿Quién más sino ustedes? Sí, ustedes son nuestro orgullo y alegría» (1 Tesalonicenses 2:19-20 NVI).

Parece que Pablo siempre estaba pensando en el día en que estaría frente a Jesús para responder por su vida y ministerio. Él explica que lo que más orgullo y alegría le produce son las personas a las cuales ha ayudado a encontrar el camino hacia Jesús. Ellos serán su corona, su gloria y su gozo. ¡Eso es verdadera motivación!

Posteriormente, en la misma epístola, al hablar a quienes les ha ministrado, hace una de las oraciones más hermosas que se encuentran en la Biblia: «Que Dios los fortalezca interiormente para que, cuando nuestro Señor Jesús venga con todos sus santos, la santidad de ustedes sea intachable delante de nuestro Dios y Padre» (1 Tesalonicenses 3:13 NVI).

¡Eso es expectativa! Pablo no sólo espera la venida del Señor y confía en ofrecerle un tributo del trabajo de su vida sino que quiere también que quienes han llegado al Señor mediante su ministerio tengan la misma actitud expectante. El apóstol sabe que esa actitud los motivará a ser santos y sin tacha.

Créame, hermano, no hay nada que purifique nuestras vidas más eficazmente que la esperanza de ver a Jesús. Si en realidad vivimos en esa esperanza, ésta tendrá un efecto radical y permanente en nuestra forma de vida. Uno de mis versículos favoritos

ilustra este hecho: «La senda de los justos se asemeja a los primeros albores de la aurora: su esplendor va en aumento hasta que el
día alcanza su plenitud» (Proverbios 4:18 NVI). Cuando llegamos
por primera vez al Señor y entramos en esa senda, es como el
primer esplendor de la aurora; pero a medida que avanzamos en
esta con la actitud de expectación, la senda se torna más lumino-
sa, incluso hasta que llegamos a la gloria meridiana, a la plenitud
de la luz del día. Así debe ser la vida cristiana cuando está enfoca-
da en Jesús y espera su regreso.

Cristo reina ahora y para siempre

El siguiente factor importante al esperar con la motivación
correcta se centra en el convencimiento de que Cristo ya está reinando como Rey del universo, y continuará reinando para siempre. Desde ahora hasta la eternidad, jamás habrá un momento
cuando Cristo no esté en el trono del universo.

En Efesios, el apóstol Pablo les abre los ojos a los cristianos
respecto al tremendo e inmensurable poder de Dios. Él declara
que es incomparable «la grandeza de su poder a favor de los que
creemos» (Efesios 1:19 NVI). Luego nos da la regla para medir el
poder de Dios, que está disponible para nosotros los creyentes:
«Ese poder es la fuerza grandiosa y eficaz que Dios ejerció en Cristo cuando lo resucitó de entre los muertos y lo sentó a su derecha
en las regiones celestiales» (v 19-20 NVI).

El mismo poder que levantó el cuerpo de Jesús de la tumba y
lo exaltó al más alto lugar en los cielos está a disposición de nosotros como creyentes. Pablo sigue luego describiendo el nivel de
autoridad que Dios confirió a Jesús: «Lo sentó a su derecha en las
regiones celestiales, muy por encima de todo gobierno y autoridad, poder y dominio, y de cualquier otro nombre que se invo-
que, no sólo en este mundo sino también en el venidero» (vv. 20-
21 NVI).

Cristo está muy por encima de todas las otras formas de gobierno, autoridad o poder en el universo entero. Él está no sólo
por encima sino *muy por encima* de todas. Está sobre cada uno de

los gobernantes en el plano natural y humano: reyes, presidentes, dictadores o cualquier otro título que tengan. Uno de sus títulos es Señor de señores y Rey de reyes. Interpreto eso de esta manera: Él es el Soberano de todos los soberanos, y el Gobernador de todos los gobernadores.

Él también está por encima de todo dominio, liderazgo y autoridad espiritual en el mundo invisible. La Biblia revela que ciertos poderes invisibles son perversos y están bajo el control del diablo. El Nuevo Testamento habla en muchos lugares de «principados y potestades» o «gobernadores y autoridades» en referencia a la clase de poder y autoridad que el diablo procura ejercer contra el pueblo de Dios y los propósitos divinos. Aunque son reales y tenemos que contar con éstos, continuamente debemos recordar que el poder y la autoridad que Dios confirió a Jesús están en un nivel muy superior. El Señor está sobre *todos*.

El apóstol nos da esta buena noticia: «Dios sometió todas las cosas al dominio de Cristo, y lo dio como cabeza de todo a la iglesia» (v. 22 NVI).

Esas tres últimas palabras son muy importantes: *a la iglesia*. Jesús está sentado en los cielos por cuenta nuestra, para representarnos allí, para cuidar de nosotros, para asegurarse de que los propósitos y las promesas de Dios para nosotros se cumplan sin falla alguna. Ningún obstáculo, ninguna oposición humana o diabólica podrá llegar a frustrar las promesas y los propósitos de Dios para nosotros. Jesús es la cabeza de su iglesia sobre todas las cosas. ¡Qué importante es darnos cuenta de esto! La iglesia es el objeto primario de su interés y cuidado. Todo su poder y autoridad los ejerce en beneficio de nosotros. Además, no sólo está sentado en los cielos sino que permanecerá allí desde ahora y para siempre. Hablando del reinado de Jesús, la Biblia dice que «es necesario que Cristo reine hasta poner a todos sus enemigos debajo de sus pies» (1 Corintios 15:25 NVI).

Algunas personas que están preocupadas con el anticristo y la Gran Tribulación creen realmente que habrá un bache en alguna parte en el futuro de la historia humana cuando Jesús ya no estará reinando. Eso no es cierto. Él está reinando ahora y continuará haciéndolo hasta que ponga a todos sus enemigos debajo de sus pies. No importa lo que ocurra sobre la tierra, Jesús jamás abdicará al trono que el Padre le dio para su exaltación. Y eso no es todo. No es sólo que Jesús fue exaltado por el Padre sobre todas las demás formas de autoridad y poder sino que la revelación de la Escritura nos lleva un paso más allá: Cristo comparte su autoridad con su pueblo. El apóstol Pablo revela este concepto:

> «Pero Dios, que es rico en misericordia, por su gran amor por nosotros, nos dio vida con Cristo, aun cuando estábamos muertos en pecados. ¡Por gracia ustedes han sido salvados! Y en unión con Cristo Jesús, Dios nos resucitó y nos hizo sentar con él en las regiones celestiales, para mostrar en los tiempos venideros la incomparable riqueza de su gracia, que por su bondad derramó sobre nosotros en Cristo Jesús» (Efesios 2:4-7 NVI).

En estos versículos, Pablo declara tres hechos objetivos y prácticos basados en nuestra relación mediante la fe con Jesucristo y nuestra identificación con él. Por cuanto hemos dedicado nuestras vidas a Jesús y nos hemos hecho uno con él por la fe, somos identificados en todas las cosas que Dios hizo por él desde su crucifixión en adelante. Pablo especifica tres cosas que Dios hizo por Cristo, las cuales ha hecho también por nosotros que estamos «en Cristo». En el versículo 5 dice que «Dios nos dio vida juntamente con Cristo». En el versículo 6, que «nos resucitó con Cristo». Luego, que «nos hizo sentar con él en las regiones celestiales» (v. 7 NVI).

Dios nos ha identificado con Cristo en estos tres aspectos: nos dio vida, nos resucitó, y nos sentó en lugares celestiales con él. Jesús está sentado en un trono, y cuando estamos sentados con él, estamos entronizados con él. Donde está él, estamos nosotros. Así como él está sentado sobre toda autoridad y poder, nosotros también lo estamos. Así como él reina, nosotros también reinamos; y no en el futuro sino ahora.

El apóstol declara esta misma verdad de compartir el trono con Cristo:

«Pues si por la transgresión de un solo hombre reinó la muerte, con mayor razón los que reciben en abundancia la gracia y el don de la justicia reinarán en vida por medio de un solo hombre, Jesucristo» (Romanos 5:17 NVI).

Cuando estamos identificados con Jesucristo, reinamos con él en vida. Así como Jesús reina, nosotros reinamos con él. Como él está en el trono, nosotros compartimos el trono con él. Para nosotros es muy importante estar conscientes de esta verdad al avanzar hacia el futuro.

Tenemos victoria continua

Llevemos estas verdades un paso más allá. Cristo ejerce su autoridad a través de su pueblo de creyentes y hace posible para nosotros tener una victoria constante. Lo vemos en los primeros dos versículos del Salmo 110, citados en el Nuevo Testamento con más frecuencia que cualquier otro pasaje del Antiguo Testamento. Jesús mismo citó estos pasajes. El Salmista dice:

«Así dijo el Señor a mi Señor: Siéntate a mi derecha hasta que ponga a tus enemigos por estrado de tus pies. El Señor extenderá tu fuerte cetro desde Sión, diciendo: ¡Reina en medio de tus enemigos!» (vv. 1-2 NASB)

Por las palabras de Jesús mismo es que conocemos la aplicación de este primer versículo. *El Señor* es Dios el Padre. *Mi Señor*, es decir el Señor de David, es el Mesías. De manera que el Padre dijo a Jesucristo, el Mesías, después de su muerte y resurrección: *siéntate a mi derecha hasta que ponga a tus enemigos por estrado de tus pies.* Vemos que esto ya se cumplió. Jesús ya está a la diestra de Dios y está esperando que el Padre ponga por fin a sus enemigos por estrado de sus pies; pero él ya está reinando.

El versículo 2 del Salmo 110 dice: «Jehová enviará desde Sión la vara de tu poder; domina en medio de tus enemigos». En hebreo, la frase *tu fuerte cetro* quiere decir literalmente «el cetro de tu fuerza». En la cultura y la historia del Antiguo Testamento, un cetro era el símbolo o distintivo de un gobernante. Hay un ejemplo de este hecho en la forma en que Dios trató con Moisés, con Aarón y con los príncipes de las tribus de Israel. A cada príncipe se le instruyó que grabara su nombre en su vara o cetro (ver Números 17). La vara del hombre a quien Dios escogió para ser príncipe y gobernante, el sumo sacerdote, fue la que «retoñó, floreció, tuvo botones y produjo flores y almendras» en 24 horas (v. 8). Las otras varas no tuvieron ningún cambio. La vara o el cetro fue el símbolo de autoridad del gobernante. Tener el nombre del gobernante inscrito allí significaba que esa autoridad no podía transferirse nunca a otro individuo. El cetro estaba marcado con el nombre de la persona a la que pertenecía.

En la Biblia, *Sión* significa «la asamblea del pueblo de Dios en el orden divino». A través de la asamblea de su pueblo, el Señor ejerce la autoridad de Jesús, que es en su nombre, y reina sobre la nación. Creo que el Señor que extiende su fuerte cetro desde Sión es Dios Espíritu Santo. De modo que tenemos a las tres personas de la Trinidad presentes aquí: Dios Padre resucitó a Dios Hijo para sentarlo con él en el trono. Entonces Dios Espíritu Santo, a través de la asamblea de su pueblo (mediante sus proclamaciones, su predicación, sus oraciones y su testimonio), extiende sobre la tierra el cetro de la autoridad de Cristo. En este sentido, Cristo reina en medio de sus enemigos a través de su pueblo.

Es importante observar aquí dos verdades en relación con este dominio: Cristo está reinando pero hay enemigos por todos lados. Algunas personas tienen la impresión que Cristo reinará sólo cuando ya no haya más enemigos, pero eso no es cierto. Este es el período crítico en el trato de Dios con la raza humana, *cuando Cristo ya está reinando pero los enemigos todavía no están sometidos.* Tenemos que balancear los dos hechos. Por supuesto que hay muchos enemigos, están activos, son ruidosos y depravados; pero Cristo está reinando en medio de sus enemigos, ejerciendo su autoridad a través de nosotros, su pueblo, a medida que aprendemos a usar la autoridad que tenemos en su nombre.

Además, Cristo nos envía como sus representantes para ejercer su autoridad en su nombre. Esta es la comisión que Jesús dio a sus discípulos al final del Evangelio de Mateo:

> «Jesús se acercó entonces a ellos y les dijo: —Se me ha dado toda autoridad en el cielo y en la tierra. Por tanto, vayan y hagan discípulos de todas las naciones, bautizándolos en el nombre del Padre y del Hijo y del Espíritu Santo, enseñándoles a obedecer todo lo que les he mandado a ustedes. Y les aseguro que estaré con ustedes siempre, hasta el fin del mundo»   (Mateo 28:18-20 NVI).

¿Cuál es la conexión entre autoridad e ir? La autoridad le fue dada a Jesús, pero es nuestra responsabilidad ejercerla. Esto lo logramos en su nombre al ir y hacer lo que él comisionó, en donde nos dijo que lo hiciéramos. Y al obedecer su comisión, él nos dijo que «estaré con ustedes siempre hasta el fin del mundo. Si enfrentan tropiezos u obstáculos, recuérdenlo, tan solo acudan a mí. Yo estoy en el trono, estoy aquí para beneficio de ustedes y me cuidaré de que puedan hacer lo que les he comisionado hacer».

Ese es el cuadro: Cristo está en el trono, reina pero ejerce la autoridad que hay en su nombre a través de su pueblo en la medida en que le obedecemos, y así continuará hasta el fin de la era presente.

La procesión triunfal

Miremos desde otro ángulo esta verdad de la victoria de Cristo manifestada a través de nosotros. Acerca de la muerte y resurrección de Jesús, Pablo dice: «Desarmó a los poderes y a las potestades, y por medio de Cristo los humilló en público al exhibirlos en su desfile triunfal» (Colosenses 2:15 NVI).

El «espectáculo» del cual habla aquí el apóstol se refiere no a ganar una victoria sino a la celebración de una victoria que ya fue ganada. Esto fue una costumbre en los días del Imperio Romano.

Si un general romano salía victorioso en una campaña que agregaba territorio al imperio, el senado de Roma aprobaba una celebración del triunfo para cuando regresara a casa. Lo subían a un carro tirado por dos caballos blancos y lo llevaban por las calles de la ciudad, a lado y lado de las cuales se alineaba la multitud de ciudadanos que lo vitoreaban. Tras el carro venían los prisioneros de guerra —la gente que el general había conquistado— como prueba de su victoria.

Cuando Jesús murió en la cruz y se levantó de entre los muertos, triunfó sobre toda oposición satánica: toda autoridad y poder que resiste los propósitos de Dios y a su pueblo. Los hizo marchar tras su carro en una exhibición pública, mientras todo el universo invisible aplaudía su victoria.

Sin embargo, ahí no termina el asunto. Pablo sigue diciendo: «Gracias a Dios que en Cristo siempre nos lleva triunfantes y, por medio de nosotros, esparce por todas partes la fragancia de su conocimiento» (2 Corintios 2:14 NVI). Jesús no sólo desfiló en triunfal procesión ¡sino que nos subió en su carro para acompañarlo en su triunfo! Compartimos no sólo su victoria sino su celebración. Estamos identificados con él. Por cierto, no estamos entre los cautivos que son llevados tras él en cadenas, ni al lado de la calle aplaudiendo; ocupamos un lugar de honor junto al Victorioso.

Al compartir su triunfo, ocurre algo grande y hermoso: Dios, a través de nosotros, esparce por todas partes la fragancia de su conocimiento. Hay una especie de aroma que emana de nuestro vivir victorioso y satura la atmósfera en donde vivimos. Aún la gente que no entiende el evangelio o no aprecia la teología es consciente de nuestra vida victoriosa.

Note dos elementos finales acerca de esta victoria: uno, Dios *siempre* nos lleva en triunfo; y dos, a través de nosotros esparce *en todo lugar* la fragancia de su conocimiento. Cuando juntamos estas cuatro palabras, *siempre, en todo lugar,* nos damos cuenta de que, para nosotros, el pueblo de Dios, es posible una victoria total en todo tiempo y en todo lugar. Esto ocurre si por fe aprendemos a apropiarnos de la victoria de Jesús y de su triunfo público. ¿No es esto algo glorioso?

Como una breve recapitulación mencionemos tres principios básicos para tener una actitud correcta hacia el futuro:

1. Estamos esperando a Cristo, no al Anticristo.
2. Cristo ya reina y continuará reinando.
3. Cristo ejerce su autoridad a través de nosotros siempre y en todo lugar.

3

Siete principios
de la profecía bíblica

Hasta aquí entendemos que la actitud con la cual enfrentamos los retos de un mundo cambiante tiene mucho que
ver con los resultados que obtenemos. La visión que tomemos determinará en gran medida nuestra posición al paso que
se desarrolla el futuro. De modo que tenemos que tomar una
decisión: ¿seremos optimistas, o pesimistas? Utilizando una ilustración conocida, debemos decidir si vemos el vaso medio-lleno,
o medio-vacío. ¿Se está llenando o se está vaciando?

La Biblia nos provee bases sólidas y objetivas para enfrentar el
futuro como optimistas y no como pesimistas. Si miramos el
mundo a nuestro alrededor a la luz de la Biblia, podemos decir
que «el vaso de la historia está medio-lleno, no medio-vacío». En
otras palabras, los propósitos de Dios, predichos con claridad en
las Escrituras, se han cumplido hasta la fecha presente en el tiempo y en la historia. Y podemos confiar, por lo tanto, que cualquier
plan que aún no se haya cumplido, se cumplirá.

Por lo general, este no es el enfoque de la gente. Muchos, al mirar la situación actual de la humanidad, son pesimistas al decir: «El tiempo se agota; la atmósfera se está contaminando; los recursos se están agotando; una situación de sobrepoblación es inminente, y no tenemos suficientes alimentos». En la práctica, esto equivale a decir: «El vaso se está vaciando». Sin embargo, en mi opinión como estudiante creyente de la Biblia, cuando miro el escenario mundial hoy, puedo alabar al Señor y decir: «El vaso se está llenando. Los propósitos de Dios se han cumplido hasta este momento y continuarán cumpliéndose, ¡venga lo que viniere!»

Adoptemos esta actitud optimista como nuestra plataforma al explorar siete recomendaciones para comprender la profecía bíblica.

1. Algunas profecías seguirán siendo secretas

El libro de Deuteronomio contiene dos grandes principios básicos para entender y aplicar la profecía, articulados por Moisés para los hijos de Israel: «Las cosas secretas pertenecen a Jehová nuestro Dios; mas las reveladas son para nosotros y para nuestros hijos para siempre, para que cumplamos todas las palabras de esta ley» (Deuteronomio 29: 29).

Dios tiene secretos que no nos permite conocer. Le pertenecen a él y sencillamente no son asunto nuestro. Sin embargo, existen otras verdades que Dios sí ha elegido revelarnos. Éstas nos pertenecen y somos responsables de actuar según lo que Dios nos ha mostrado en respuesta a esas verdades. Por eso debemos obedecerlas y hacer que produzcan un impacto en nuestra vida, de acuerdo con el plan divino para nosotros.

Un error común al mirar hacia el futuro es llegar a estar tan intrigados por las cosas secretas que nos olvidemos de obedecer las que fueron reveladas. Aquí hay una clara advertencia para nosotros. Cualquiera que pretenda estar en capacidad de revelar las cosas secretas es realmente un falso profeta: identificado como tal por sí mismo. Las personas que no entienden la naturaleza de la profecía bíblica son engañadas por tales personas. Tenemos que resistir la tentación de averiguar los secretos de Dios al reconocer que si Él quiere guardar algo en secreto, es inútil gastar tiempo al tratar de descubrirlo. Para quienes se enfocan en descubrir las cosas secretas de Dios, el resultado será confusión y frustración.

Tomemos dos ejemplos de predicciones del Nuevo Testamento que ilustran cosas reveladas y cosas secretas. Primero, un ejemplo de algo que Dios reveló: las palabras que los ángeles hablaron a los apóstoles mientras en el monte de los Olivos presenciaban la ascensión de Jesús al cielo: «Este mismo Jesús, que ha sido llevado de entre ustedes al cielo, vendrá otra vez de la misma manera que lo han visto irse» (Hechos 1:11 NVI). Esta es una verdad revelada: algo que todos necesitamos saber porque afecta nuestras vidas de muchas maneras.

Luego tomemos una cosa secreta, algo que Dios no ha dado a conocer y que no tenemos el derecho de tratar de saber, tal como lo declaró Jesús mismo en el Evangelio de Marcos. Hablando de sucesos y de varias señales del fin de los tiempos y de su regreso personal a la tierra, dijo: «Pero en cuanto al día y la hora, nadie lo sabe, ni siquiera los ángeles en el cielo, ni el Hijo, sino sólo el Padre» (Marcos 13:32 NVI).

El día y hora exactos del retorno de Jesús a la tierra no los sabe nadie en el universo, excepto Dios el Padre. Incluso Jesús, el Hijo de Dios, no sabe cuándo regresará, pero espera del Padre la señal. Si alguien afirma que puede determinar el día y la hora del regreso de Jesús, sabemos que tal cosa no está en concordancia con la Biblia.

Por eso es que en los versículos posteriores a su declaración, Jesús advierte a sus discípulos y nos advierte mediante una parábola:

«¡Estén alerta! ¡Vigilen! Porque ustedes no saben cuándo llegará ese momento. Es como cuando un hombre sale de viaje y deja su casa al cuidado de sus siervos, cada uno con su tarea, y le manda al portero que vigile. Por lo tanto, manténganse despiertos, porque no saben cuándo volverá el dueño de la casa, si al atardecer, o a la medianoche, o al canto del gallo, o al amanecer, no sea que venga de repente y los encuentre dormidos. Lo que les digo a ustedes, se lo digo a todos: ¡Manténganse despiertos!»

(Marcos 13:33-37 NVI).

En esta historia, el hombre encomendó a cada uno de sus siervos una tarea específica a realizar durante su ausencia. La tarea de cada vigía, por ejemplo, fue estar alerta y esperar el regreso de su amo.

Esto es válido para nosotros como cristianos. A cada uno nos fue asignada una tarea, un trabajo del que somos responsables y por cual tendremos que responder cuando estemos ante el tribunal de Cristo. No debemos preocuparnos tanto de las cosas secretas, como el día y hora exactos del retorno del Señor, al punto de descuidar las cosas reveladas como las tareas que se nos asignaron.

2. La profecía es dada por una razón

Deuteronomio 29 nos recuerda que las verdades que Dios nos ha mostrado son para que las cumplamos todas (ver v. 29). El propósito de la profecía bíblica no es hacernos más sabios que nuestro prójimo o hacernos saber lo que vendrá sino darnos cosas para hacer. Mi experiencia con Dios es que si obedecemos lo revelado, Él nos revela más. Si no obedecemos, no hay más revelación. ¿Por qué debería hacerlo? Él nos dice: *sigue. Haz lo que te dije, y te mostraré el próximo paso.*

Estaba en 1958 en Kenia, África oriental, sirviendo como director de una institución de capacitación de maestros. Una mañana conduje mi auto por unos once kilómetros hacia la ciudad de Kisumu para que le hicieran mantenimiento. Llevaba una extensa lista de encomiendas para realizar en la ciudad. Un día bien ocupado. Al caminar fuera de la estación de servicio, Dios me dijo: *no es sólo tu vehículo el que necesita mantenimiento; tú también lo necesitas.* Entonces me di cuenta de que también necesitaba con desespero un «cambio de aceite» y «engrase». De modo que puse a un lado todo mi programa y caminé durante unos diez minutos hacia el lago Victoria Nyanza, el segundo lago más grande del mundo. Es un lugar hermoso y tranquilo, y me senté en una banca debajo de un árbol con inmensas ramas, saqué del bolsillo mi Nuevo Testamento, lo abrí y empecé a hojearlo, sin buscar ningún pasaje en particular. Mis ojos se fijaron en Mateo 24:14: «Y será predicado este evangelio del reino en todo el mundo, para testimonio a todas las naciones; y entonces vendrá el fin». En ese momento, Dios me hizo entender con claridad lo siguiente: *esta es la prioridad número uno para mi pueblo.*

Como director de ministerio, mi meta primaria era ganar a mis estudiantes para el Señor. De ninguna manera estaba en un estado de extravío espiritual o moral. De hecho, estaba claramente en su voluntad. Era raro que algún estudiante saliera de mi institución después de cinco años sin ser salvo y bautizado en el Espíritu Santo, de manera que no estaba malgastando mi tiempo allí. No obstante, sentí que el Señor me hablaba de algo aún más importante, de modo que le respondí: «Señor, si no estoy por completo identificado con tu propósito primario, quiero estarlo. ¿Harás los cambios?»

Le tomó al Señor cerca de veinte años enfocarme en su propósito, pero en 1978 (año en que me casé con Rut) empecé una fase totalmente nueva de mi ministerio al comenzar un programa radial. Nunca antes estuve interesado en eso, pero en fe comencé a transmitir en ocho estaciones en los Estados Unidos. Teníamos un presupuesto mensual de ocho mil dólares y ninguna idea acerca de dónde vendría ese dinero. Hoy ese programa emitido en más de doce idiomas se escucha virtualmente en todo el mundo, todos los días, y se emite por lo menos una vez cada 24 horas en China.

No tenía la menor idea de que el programa se transmitiera fuera de los Estados Unidos o en otro idioma diferente al inglés, ¡pero Dios lo hizo! Él empezó a alinearme con su propósito básico, «que este evangelio del reino sea predicado en todo el mundo como testimonio a todas las naciones, y entonces vendrá el fin».

Desde entonces he tenido el privilegio de ministrar en grandes conferencias de enseñanza bíblica, en todo tipo de lugares improbables como Turquía, o Moscú, o Almaty, la ciudad capital de Kazakhstan, una de las provincias sureñas de la antigua Unión Soviética. Ese versículo se convirtió en el objetivo de mi vida. Sin embargo, ello no ocurrió todo en un día. Dios tuvo que obrar poco a poco. Permítame enfatizar el punto otra vez: si no hubiera obedecido lo que Dios me mostró ese día en Mateo 24:14, dudo que me hubiera mostrado algo más. *La revelación está condicionada a la obediencia.* Si no obedecemos, Dios no nos revelará nada más.

3. La profecía es dada para situaciones y tiempos específicos.

Muchas profecías se refieren a situaciones y a tiempos específicos, por lo que antes de ese punto no estamos en capacidad de entender todo su significado. Por ejemplo, en Jeremías 30 tenemos una profecía particular referente a la restauración de Israel a su propia tierra (agregaría que la mayoría de profecías bíblicas concernientes a los últimos tiempos presumen la presencia de Israel como nación en su propia tierra. Discutiremos lo relativo a Israel en los capítulos siguientes). De ahí que estas profecías no podían cumplirse hasta que el estado de Israel fuera restaurado. Hace muchos años, un querido y respetado hermano en el Señor hizo esta errónea afirmación: «La restauración del estado de Israel no puede haber sido voluntad de Dios, porque si lo hubiera sido, hubiera producido paz». Si él hubiera conocido en algo la profecía bíblica, la cual dice con exactitud lo contrario, no hubiera afirmado tal cosa. Vemos esta situación en los siguientes pasajes:

> «Porque he aquí que vienen días, dice Jehová, en que haré volver a los cautivos de mi pueblo Israel y Judá, ha dicho Jehová, y los traeré a la tierra que di a sus padres, y la disfrutarán»   (Jeremías 30:3).

Cualquiera que conozca la Biblia sabe en dónde está esa tierra que Dios dio a esos padres. Existe sólo un lugar que responde a esa descripción: es una pequeña franja de territorio en la punta oriental del Mediterráneo. Continuando con Jeremías, leemos:

> «Estas, pues, son las palabras que habló Jehová acerca de Israel y de Judá. Porque así ha dicho Jehová: Hemos oído voz de temblor; de espanto, y no de paz. Inquirid ahora, y mirad si el varón da a luz; porque he visto que todo hombre tenía las manos sobre sus lomos, como mujer que está de parto, y se han vuelto pálidos todos los rostros. ¡Ah, cuán grande es aquel día! tanto, que no hay otro semejante a él; tiempo de angustia para Jacob; pero de ella será librado»   (Jeremías 30:4-7).

Lejos de predecir paz cuando Israel sea restaurado a su territorio, la Biblia nos advierte que habrá un tiempo de tribulación y angustia sin paralelo en la historia judía. Y considerando la historia judía, esa es una afirmación sorprendente. En relación con este tiempo, el Señor no dice que su pueblo será *eximido* de esta angustia sino que la sufrirá, *pero de ella será librado*. Esa declaración es válida y se aplica a muchas situaciones en nuestras vidas en el día de hoy. Dios *no nos guarda* siempre de sufrir ciertas pruebas; Él permite que nos lleguen y luego nos *libra* cuando estamos atravesándolas.

Al final de este capítulo, en el versículo 24, hay una especie de postdata: «En el fin de los días entenderéis esto». En otras palabras, «ustedes no entenderán esta profecía hasta el tiempo del fin». Diría que esto es supremamente significativo el día de hoy porque estamos viendo la comprobación de estas palabras con nuestros propios ojos. De igual manera, muchas profecías se entienden sólo cuando llega el momento apropiado.

4. La profecía es dada para guiar

Otro propósito importante de la profecía bíblica es guiarnos en cuanto a lo que debemos y no hacer. Es obligatoria. Las perso-

nas que no conocen la profecía bíblica quizá traten de hacer lo
que nunca puede ocurrir, sencillamente porque Dios ha dicho
que nunca ocurrirá. Si Dios declaró que una cosa no acontecerá,
es pérdida de tiempo orar para que acontezca.

Mateo 24:19-20 nos provee un ejemplo. Estos versículos se aplican a la situación posterior al regreso de los judíos a su tierra.
Jesús dice: «Mas ¡ay de las que estén encintas, y de las que críen en
aquellos días! Orad, pues, que vuestra huída no sea en invierno
ni en día de reposo».

Cualquiera de nosotros que viviera en esa tierra estaría inclinado a orar: «Dios, no permitas que tengamos que huir», pero esa
sería una oración inútil. *Tendremos* que huir, de modo que debemos orar dentro de los parámetros que él nos dio. Jesús dice que
aunque tendremos que huir, oremos para que nuestra huída no
sea en invierno. ¿Por qué? Porque sobrevivir puede ser muy duro
en esa etapa, especialmente para las mujeres embarazadas o con
bebés pequeños. Y también dijo que oremos para que no sea en
día de reposo. ¿Por qué debemos orar así? Ante todo, esto no tiene
significado a menos que haya un estado Judío. Yo viví en Israel —
llamada entonces Palestina— mientras estaba todavía bajo el mandato británico, y el sábado no era diferente a cualquier otro día. Sin
embargo, ahora que es un estado judío no hay servicio de trans-
porte público. La mayoría de la gente no va a ninguna parte. Un
gran grupo de personas huyendo ese día sería algo muy llamativo.

Como veremos, este es sólo un ejemplo de muchas escrituras
proféticas que nos dicen lo que pasará en el futuro. Si Dios afirma
que algo pasará, es pérdida de tiempo orar para evitarlo. No obstante, podemos discernir los parámetros de la profecía revelada y
enfocar nuestra oración hacia ese fin.

5. El espíritu de la profecía se enfoca en Jesús

Este principio es de una categoría diferente. Lo encontramos
en Apocalipsis 19:10: «El testimonio de Jesús es el espíritu de la
profecía». La Escritura está hablando aquí del espíritu de la profecía, no tan solo de las palabras de la profecía. Nos dice que la

profecía bíblica siempre se enfoca en el Señor Jesús; él es el tema central desde Génesis hasta Apocalipsis. Jesús dice:

> «Pero cuando venga el Espíritu de verdad, él os guiará a toda la verdad; porque no hablará por su propia cuenta, sino que hablará todo lo que oyere, y os hará saber las cosas que han de venir. Él me glorificará; porque tomará de lo mío, y os lo hará saber»   (Juan 16:13-14).

Esta es la prueba decisiva para determinar si una manifestación es o no del Espíritu Santo: si lo es, glorificará a Jesús, enfocará nuestra atención en él y nos mostrará algo de Jesús que nunca vimos antes.

Las profecías que glorifican a los seres humanos no son del Santo Espíritu. De hecho, si el Espíritu Santo comienza a manifestarse y figuras humanas se introducen y toman los papeles protagónicos, él cortésmente se retirará. Él lo ha hecho varias veces en los últimos cien años. Muchos movimientos del Espíritu Santo fueron apagados porque algunas personas quisieron centrar la atención en sí mismas. Cualquier revelación profética genuina glorificará siempre a Jesús.

6. La profecía quiere decir lo que ella dice

Si una profecía fue dada de manera literal, debemos tener cuidado de no «espiritualizarla». Considere las siguientes profecías acerca de la Primera Venida de Jesús. Cada una de estas se cumplió de forma literal, tal como lo notamos en el primer capítulo: Jesús nació de una virgen, nació en Belén, fue sacado de Egipto, sanó a los enfermos, fue crucificado (no hubo nada espiritual ni metafórico en su crucifixión), fue sepultado y, gracias a Dios, se levantó de entre los muertos y ascendió al cielo. Cada profecía relacionada con la primera aparición de Jesús se cumplió literalmente. No hay ningún precedente que nos permita convertir en alegórica una profecía literal, o interpretarla de alguna otra manera que no sea tomando el significado llano y natural de las palabras.

No obstante, algunas profecías sí son alegóricas, y es legítimo interpretarlas así. Nadie supone, por ejemplo, que el rey de Grecia fuera un macho cabrío y el de Persia, un carnero (ver Daniel 8). Sabemos que esas imágenes son alegóricas. Sin embargo, donde la Escritura no autoriza una interpretación alegórica, es un error hacerlo.

Al enfrentar las tremendas presiones y los peligros de estos últimos tiempos, las profecías relativas a este período se cumplirán con aterradora literalidad. Las cosas se mudarán literalmente de lugar. Las estrellas caerán literalmente del cielo, y habrá literalmente más y más terremotos.

Me gustaría mencionar al respecto que Israel es Israel. Esto es simple y básico. Israel no es la iglesia, ni la iglesia es Israel. Si desea tener un pequeño estudio sobre este tema, escribí un libro en el cual señalo setenta y nueve pasajes bíblicos del Nuevo Testamento que mencionan el nombre de Israel, ninguno de los cuales se aplica a la iglesia [*The Destiny of Israel and the Church* (El destino de Israel y la iglesia)]. Debemos tener cuidado en no ser súperespirituales en nuestra interpretación de la profecía. La profecía significa lo que esta dice.

7. Dios es totalmente Soberano

Junto con este principio final debemos tener en mente un punto que enfaticé antes y que es vital para nuestro progreso, así que quiero repetirlo aquí: Dios tiene total soberanía y supremacía y él es totalmente justo. Al mirar las profecías del tiempo final, podemos estar seguros de que él nunca ha dicho algo que no sea verdad, y jamás ha cometido un error en nuestras vidas. Tal vez pensemos que lo ha hecho, pero no es así. Él es absolutamente justo.

De modo que estos son los siete principios que deseo poner en la mesa mientras estudiamos la profecía bíblica:

1. Hay cosas secretas y cosas reveladas. Nunca pierda el tiempo tratando de averiguar las cosas secretas sino asegúrese de obedecer las reveladas.

2. Dios nos revela las cosas para que las hagamos. Si no obedecemos, no nos revela nada más.

3. Algunas profecías son dadas para un tiempo específico y no se entenderán hasta que ese tiempo llegue.

4. Muy a menudo la profecía es dada para guardarnos de acciones y oraciones equivocadas. Si Dios dijo que algo ocurrirá, así pasará. Si dijo que algo no acontecerá, también así será. Si queremos elevar oraciones sensibles y eficaces, necesitamos conocer los parámetros de la voluntad de Dios tal como está revelada en la profecía.

5. El espíritu de la profecía es la revelación de Jesús. Toda profecía dada por el Espíritu Santo tiene en última instancia un solo tema, Jesús.

6. A las palabras proféticas se les debe dar el significado llano que tienen.

7. Debemos siempre reconocer e inclinarnos ante la total soberanía de Dios. No leo la Biblia para corregir la ética de Dios, cosa que algunos hacen. Muchos tienen la idea que Dios está haciendo algo injusto en el Medio Oriente en este momento, pero no es así. Dios es siempre justo.

4

La «Columna Vertebral» de la profecía bíblica

Cuando era bastante joven en mi fe, escuché a un creyente judío una declaración que nunca he olvidado. Myer Pearlman era uno de los miembros del Concilio General de las Asambleas de Dios en los Estados Unidos en ese tiempo. Esto fue lo que dijo: «Interpretar la profecía es como juntar las piezas de un esqueleto humano. Si queremos hacerlo con éxito, tenemos que empezar con la pieza correcta: la columna vertebral. Cuando tenemos la columna vertebral en su lugar, podemos colocar bien las demás piezas». En este capítulo y los siguientes empezaremos a ordenar las piezas de la profecía bíblica, a fin de añadirle la columna vertebral que, según Pearlman, es el discurso que Jesús pronunció en el monte de los Olivos, registrado en Mateo 24–25.

A veces estamos inclinados a pasar por alto el hecho de que Jesús fue un profeta. La gente de su tiempo lo reconoció así incluso cuando no lo reconociera como el Hijo de Dios. Él fue el más grande de todos los grandes profetas hebreos, y su discurso profético máximo se encuentra en estos dos capítulos. A pesar de la división en los capítulos, no existe división en la disertación. La primera parte de ésta la encontramos también en Marcos 13 y Lucas 21. Son tres perspectivas diferentes del mismo discurso, casi como si fueran tres cámaras de televisión enfocadas todas en Jesús. Cada una registra lo que él dice y hace, aunque con una leve diferencia de perspectiva. Para obtener la imagen completa, necesitamos juntar las tres.

Mateo 24 relata que Jesús hizo esta exposición mientras estaba en la pendiente occidental del monte de los Olivos con sus discípulos más cercanos. Al parecer estaba sentado mientras tenía a la vista la ciudad de Jerusalén y el área del templo, una posición que he tenido el deleite de ocupar muchas veces en mi vida.

En realidad, el escenario había sido determinado antes: «Cuando Jesús salió del templo y se iba, se acercaron sus discípulos para mostrarle los edificios del templo» (Mateo 24:1). El rey Herodes invirtió exactamente cuarenta y seis años renovando, ampliando y glorificando ese templo. Estaba considerado como una de las maravillas del mundo antiguo. Era también el centro y foco de toda la vida nacional y religiosa del pueblo judío. Constituía para ellos su gran motivo de orgullo y alegría. Por eso es que la respuesta de Jesús a sus complacidos discípulos que se lo mostraban fue como un fuerte golpe que los dejó sin respiración. «Respondió él, les dijo: ¿Veis todo esto? De cierto os digo, que no quedará aquí piedra sobre piedra, que no sea derribada» (v. 2).

Nosotros quizá no logramos comprender el impacto de esas palabras. De ahí que tan pronto los discípulos tienen una oportunidad —después de que Jesús sale del área del templo, cruza el arroyo de Cedrón y asciende la pendiente occidental del monte de los Olivos— se quedan a solas con él y lo interrogan. El versículo siguiente dice: «Y estando él sentado en el monte de los Olivos, los discípulos se le acercaron aparte, diciendo: Dinos, ¿cuándo serán estas cosas, y qué señal habrá de tu venida, y del fin del siglo?» (v. 3).

Los discípulos obviamente creen que si el templo fuera destruido, tal desastre marcaría el fin de la era. Ellos no pueden imaginar que los tiempos continúen si el templo es derribado. Los discípulos piensan que le hacen al Maestro una pregunta, pero en realidad le están haciendo dos. La primera es: ¿cuándo serán estas cosas? Se refieren a la destrucción del templo y de Jerusalén. La segunda es: ¿qué señal habrá de tu venida, y del fin del siglo? Jesús responde ambos interrogantes.

La primera pregunta: el templo

Quiero anotar aquí la respuesta a la primera pregunta tal como está registrada en Lucas 21:

«Pero cuando viereis a Jerusalén rodeada de ejércitos, sabed entonces que su destrucción ha llegado. Entonces los que estén en Judea, huyan a los montes; y los que en medio de ella, váyanse; y los que estén en los campos, no entren en ella. Porque estos son días de retribución, para que se cumplan todas las cosas que están escritas. Mas ¡ay de las que estén encintas, y de las que críen en aquellos días! porque habrá gran calamidad en la tierra, e ira sobre este pueblo. Y caerán a filo de espada, y serán llevados cautivos a todas las naciones; y Jerusalén será hollada por los gentiles hasta que los tiempos de los gentiles se cumplan»   (vv. 20-24).

Esa es la respuesta a la pregunta: ¿cuándo serán estas cosas? ¿Cuándo serán destruidos el templo y la ciudad de Jerusalén? Jesús dice: «Esta es la señal: Cuando vean a Jerusalén rodeada de ejércitos, sepan que su desolación está cerca». Esta predicción se cumplió históricamente en el año 70 d.C. El comandante romano Vespasiano rodeo a Jerusalén con sus ejércitos y la sitió. Sin embargo, habiendo recibido noticias de Roma que lo habían designado emperador, regresó para asumir su posición. Entonces se retiró con sus ejércitos, pero sólo por un tiempo.

Los judíos de Jerusalén que reconocieron a Jesús como profeta de Dios comprendieron el sentido de sus palabras. Huyeron de la ciudad a un poblado llamado Pella, en el lado oriental del Jordán.

El sucesor de Vespasiano, general Tito, reinició el asedio, reunió a sus ejércitos y continuó el sitio de Jerusalén hasta que las palabras de Jesús se cumplieron con exactitud. La ciudad entera fue destruida. El templo fue hecho pedazos; no quedó piedra sobre piedra. En el curso de esa guerra, dos millones de judíos fueron asesinados y un millón fue vendido a esclavitud en todo el Imperio Romano. Hubo, en efecto, en un momento determinado tal inundación de esclavos en los mercados que incluso a precios bajos nadie los compraba.

Estas palabras de Jesús se cumplieron. Es más, la gente que prestó atención a lo que Jesús profetizó, salvó su vida (esta es una lección muy importante). De nuevo aquí están las palabras de Jesús a sus discípulos:

> «Mas ¡ay de las que estén encintas, y de las que críen en aquellos días! Porque habrá gran calamidad en la tierra, e ira sobre este pueblo. Y caerán a filo de espada, y serán llevados cautivos a todas las naciones; y Jerusalén será hollada por los gentiles hasta que los tiempos de los gentiles se cumplan»   (Lucas 21:23-24).

En los «tiempos de los gentiles», sus potencias gobernarán la tierra, dada a perpetuidad por Dios a Israel. Esa segunda mitad del versículo 24 abarca casi dos mil años.

Uno de los años clave en la historia del pueblo judío es 1967, cuando se libró La Guerra de los Seis Días. En ese año, por primera vez en casi dos mil años, el pueblo judío retomó el control de esa área vital llamada la Ciudad Antigua, pero la profecía todavía no se ha cumplido por completo; porque el pueblo judío no asumió el pleno control práctico. Pudieron haberlo hecho, pero no fe así, y el área del templo todavía está ocupada por una mezquita musulmana. Es como si estuviéramos precisamente en el borde, pero no hemos entrado a tomar posición porque Jerusalén no ha sido liberada de la dominación gentil.

Luego Jesús continúa diciendo:

«Entonces habrá señales en el sol, en la luna y en las estrellas, y en la tierra angustia de las gentes, confundidas a causa del bramido del mar y de las olas; desfalleciendo los hombres por el temor y la expectación de las cosas que sobrevendrán en la tierra; porque las potencias de los cielos serán conmovidas. Entonces verán al Hijo del Hombre, que vendrá en una nube con poder y gran gloria»

(vv. 25-27).

Cuando Jerusalén sea por fin liberada de la dominación gentil, los eventos del calendario se moverán con rapidez hacia el regreso de Jesús en persona.

La segunda pregunta y una advertencia

Ahora vamos a Mateo para considerar la segunda pregunta de los discípulos: ¿qué señal habrá de tu venida y del fin del siglo? Note que los discípulos no dicen «señales» [en plural] sino señal [en singular] de tu venida. Jesús responde la pregunta, pero no de inmediato. Él los guía hasta la respuesta. Veamos su línea de pensamiento. Jesús comienza su análisis de la fase final de esta era con una palabra de advertencia: «Mirad que nadie os engañe. Porque vendrán muchos en mi nombre, diciendo: Yo soy el Cristo [el Mesías]; y a muchos engañarán» (Mateo 24:4-5, énfasis agregado).

La primera gran advertencia que se nos da relacionada con este período del fin es contra el engaño por parte de falsos mesías, la cual se repite dos veces en el curso de esta profecía. Tres veces en conexión con el fin de la era Jesús advierte a sus discípulos que no se dejen engañar. En mi opinión, el engaño es el peligro más grande que amenaza a los cristianos, mayor que la persecución y la guerra.

He oído a algunas personas decir: «Bueno, eso nunca me ocurrirá». Si embargo, quiero advertirlo: si piensa que nunca le puede ocurrir, le *ocurrirá*. Esa afirmación es un signo seguro de que ya está engañado. Jesús advierte a sus propios discípulos, que han tenido una relación estrecha con él durante tres años y medio y han oído sus enseñanzas y visto sus milagros: «Mirad que nadie os engañe».

Tenemos sólo una garantía segura contra el engaño que nos fue dada en 2 Tesalonicenses 2:10: «*Recibir* el amor de la verdad» (*énfasis agregado*). Nuestra única protección contra el engaño no es algo negativo sino positivo: el amor de la verdad. La palabra griega utilizada aquí es *ágape*, que es la forma más elevada del amor. Para evitar ser engañados, debemos tener un amor apasionado por la verdad. No es suficiente tener un tiempo devocional cada mañana, o asistir a una buena iglesia, u orar; es necesario tener un compromiso apasionado con la verdad de la Palabra de Dios para evitar ser engañado.

En Mateo 24:5, Jesús dice: «Porque vendrán muchos en mi nombre, diciendo: Yo soy el Cristo; y a muchos engañarán». Esa profecía de Jesús se cumplió. Una enciclopedia judía enumera cerca de cuarenta falsos mesías que han llegado al pueblo judío desde los tiempos de Jesús, y todos han engañado a algunas personas. Unos cuantos de ésos engañaron casi a toda la nación. Bar Kochba se proclamó mesías y dirigió al pueblo en su revuelta final contra Roma, que fue aplastada totalmente. La población entera fue o asesinada o llevada en cautiverio. Moisés de Creta guió cerca de cinco mil judíos al mar y creyó que Dios llegaría; todos se ahogaron. Y volvió a ocurrir en 1666 cuando Sabbatai Zevi dijo al pueblo Judío que él era el mesías. Prometió restaurarlos a la tierra de Israel, y miles se reunieron allí. Para salvar su vida, se convirtió al Islam. ¡Qué amarga frustración para todos esos creyentes! Esta es una constante en la historia del pueblo judío. Jesús es un verdadero profeta: todo lo que dijo se cumplió, o se cumplirá.

Hasta aquí, vemos que las palabras proféticas de Jesús en cuanto a la destrucción del templo y la aparición de falsos mesías se cumplieron. Ahora estamos listos para darle un vistazo a los puntos principales que él presenta en su discurso del monte de los Olivos acerca de las señales de los tiempos, que se están cumpliendo en nuestros días.

Como veremos, el primer grupo —guerras, hambres, terremotos y pestilencias— es sólo el comienzo. No obstante, Jesús nos da su seguridad: «Cuando oigáis de guerras y de sediciones, no os alarméis; porque es necesario que estas cosas acontezcan primero; pero el fin no será inmediatamente» (Lucas 21:9). Ahora continuemos uniendo las piezas a la «columna vertebral» de la profecía del tiempo del fin.

5

El principio
de dolores

A medida que Jesús continúa su discurso profético da a sus discípulos un sentido de progresión de los acontecimientos de los últimos días. El evangelista registra estas palabras: «Porque se levantará nación contra nación, y reino contra reino; y habrá pestes, y hambres, y terremotos en diferentes lugares. Y todo esto será principio de dolores» (Mateo 24:7-8).

Quiero enfocarme por un momento en la palabra «dolores», que aquí significa «dolores de parto» o «proceso de alumbramiento». Cuando ocurran los eventos que Jesús describe en el capítulo 7, el proceso de parto habrá comenzado. Todos sabemos —algunos por experiencia y otros por observación— a qué conducen los dolores de parto. Después de éstos, el evento más importante será un nacimiento. Eso es con exactitud lo que aquí significa. Estos dolores de alumbramiento preceden al nacimiento del reino de Dios en la tierra.

También sabemos que, mientras más cerca esté el nacimiento de un bebé, más frecuentes y más intensos son los dolores de parto. Jesús dice que, de igual manera, una vez que en la historia humana comiencen estos dolores de parto, se harán más frecuentes e intensos. No hay manera de revertir el proceso; el nacimiento ocurrirá.

Existe una forma de probarnos la relación de la profecía con los últimos tiempos: ¿queremos detener los dolores de parto, o tener el bebé? Si queremos tener el bebé, tenemos que sufrir los dolores de parto; porque no hay manera de dar a luz sin padecerlos. Si decimos: «No, yo no puedo soportar esto. Es demasiado horrible. No sé por qué estoy viviendo en este tiempo», no estamos emocionados con la llegada del bebé; pero si lo queremos, le daremos la bienvenida a los dolores de parto aún cuando sean muy dolorosos.

A manera de prueba, preguntémonos que es más importante: la venida del reino de Dios sobre la tierra, o no participar de los dolores de parto. También debemos hacer la elección correcta porque participaremos de esos dolores de todos modos.

En su disertación, Jesús nos enumera cinco elementos que serán parte del principio de dolores en los tiempos del fin:

1. Guerras, hambres, terremotos y pestilencias.

2. Persecución a los cristianos en todo el mundo.

3. Apostasía y traición entre los cristianos.

4. Falsos profetas y sectas.

5. Enfriamiento del amor.

1. Guerras, hambres, terremotos y pestilencias

Junto con la guerra —a nivel internacional y mundial— encontramos en Mateo 24:7-8 tres ataques principales a la raza humana: hambres, pestilencias y terremotos. Éstos en conjunto representan el principio de dolores del nacimiento de la era futura.

En el mundo de hoy hay dos tipos de guerras: las políticas, y las étnicas. La Primera y Segunda Guerra Mundial fueron esencialmente guerras políticas, libradas por potencias mundiales para establecer su dominio.

La palabra *nación* en griego es *ethnos*, de la cual derivamos la palabra *étnico*. Antes de la Primera Guerra Mundial, que comenzó en 1914, hubo una guerra étnica de la cual nos han contado muy poco. En 1913, los turcos en el Medio Oriente masacraron un millón de cristianos armenios. Esa no fue una guerra política sino étnica: turcos contra armenios. Hoy las guerras étnicas están explotando en todo lugar. Es un acontecimiento principal en nuestros tiempos. En el curso de tan solo un año (1993) se libraron treinta y cuatro guerras, la mayoría étnicas.

Durante el curso de mi vida he pasado por dos guerras mundiales. Hoy, el hambre es endémica en muchas áreas del mundo; quizá más de diez millones de personas perecen anualmente por hambre. En dondequiera que llega el hambre, casi siempre le siguen las pestes.

Hay regiones del sur de Asia en donde todas estas cosas están ocurriendo. Y el registro científico de los terremotos muestra un asombroso aumento en su frecuencia e intensidad en el siglo pasado y en los últimos cincuenta años.

2. Persecución a los cristianos en todo el mundo

Mencioné antes que Jesús nos da un sentido de secuencia en los acontecimientos de los últimos días. Esto se hace claro con el uso que él hace de una palabra clave: *entonces*. Esta palabra, que utiliza muchas veces, indica una serie de eventos que se suceden unos a otros de forma sistemática. Esa es la naturaleza de este discurso de Jesús: es sistemático, concienzudo y elemental (ver en el *Apéndice* una lista completa de este uso sistemático de la palabra *entonces*).

Al mirar Mateo 24:9 y tener en mente que hemos entrado al período de dolores de parto, vemos el primero de los *entonces*: «Entonces os entregarán a tribulación, y os matarán, y seréis aborrecidos de todas las gentes por causa de mi nombre».

A menudo le pregunto a la gente: «¿A quién se está refiriendo Jesús en este versículo? ¿Quiénes serán entregados a tribulación, a quiénes matarán, y quienes serán los aborrecidos de todas las gen-

tes por causa de su nombre?» La respuesta correcta es: *nosotros*.
¿Puede usted asimilar este hecho? En ese tiempo, la gente nos
entregará —a los cristianos seguidores de Jesús— a tribulación, y
nos matarán, y seremos odiados por todas las naciones por causa
del nombre de Jesús.

Muchas personas oran por avivamiento, y me incluyo entre
ellos, pero cuando la iglesia viva ese avivamiento, descubrirá por
primera vez cuánto en realidad la odia el mundo. Necesitamos
mantener en mente este hecho.

3. Apostasía y traición entre los cristianos

Miremos ahora el siguiente *entonces*: «Muchos tropezarán entonces, y se entregarán unos a otros, y unos a otros se aborrecerán» (Mateo 24:10). Otra vez la palabra *muchos* se refiere a los cristianos. Cuando la Escritura habla de abandonar la fe, se refiere a
la fe cristiana. ¿Por qué se traicionarán entre cristianos? Para salvar sus propias vidas. Realmente esto es más común de lo que se
piensa; ha estado ocurriendo durante años en China, en las naciones de la antigua Unión Soviética y en algunas naciones mu-
sulmanas. El hecho que en Estados Unidos y en otros países, no
lo hayamos visto todavía, no significa que no esté ocurriendo ya
en muchas partes del mundo. Y no tengo ninguna duda que muy
pronto comenzará a ocurrir aquí. De modo que esta es la secuencia: bajo la presión de la persecución de la cual Jesús está hablando algunos cristianos renunciarán a su fe y traicionarán a sus hermanos. Surgirá odio entre los que permanecen fieles a Jesús y los
que los traicionaron. Y quienes traicionan a sus hermanos los
entregarán a juicio a las autoridades seculares (aquí hay implícito
otro *entonces*: «Y muchos falsos profetas se levantarán, y engañarán a muchos» (v. 11).

4. Falsos profetas y sectas

Cada secta es producto de un falso profeta, y no podemos contar las sectas que hemos tenido que confrontar en años recientes.
Detesto decirlo, pero algunos de esos falsos profetas no están fuera de las iglesias sino dentro. En mi estudio de la vida de Jeremías

quedé impresionado por el hecho que al final de la historia del pueblo de Judá había, al parecer, solamente un profeta verdadero: Jeremías. Sin embargo, había numerosos profetas falsos. Esto era un indicativo de que la nación se hallaba al borde del juicio y el desastre final. Las palabras tranquilizadoras de los falsos profetas, que prometían paz, fueron la causa de que la mayoría de gente ignorara las palabras verdaderas de Jeremías, que proclamaba que el desastre era inminente.

Muchos de nosotros hemos oído profetas que lo prometen todo, excepto lo que en realidad ocurrirá. Si alguien predice algo falso, esa persona es un falso profeta. Bajo la ley de Moisés esa persona era reo de muerte. Es muy seguro que habría pocos profetas hoy si esa ley todavía se aplicara. Creo que cualquier profeta auténtico en el día de hoy debe enfatizar el *arrepentimiento*. La condición del mundo y de nuestras iglesias exige arrepentimiento. Podemos hablar palabras halagadoras y hacer profecías bonitas acerca del futuro de la gente, pero si no hay un llamado al arrepentimiento, pregunto si quien hace tal cosa es o no un falso profeta.

5. Enfriamiento del amor

Jesús nos muestra el resultado de este abandono de la fe: «Y por haberse multiplicado la maldad, el amor de muchos se enfriará» (v. 12). Otra vez la palabra «muchos» hace referencia a los cristianos. La palabra hebrea traducida aquí como *amor* es *ágape*, la palabra utilizada para el amor cristiano. De modo que no está hablando del tipo de amor mundano. El amor de muchos cristianos se enfriará en medio de toda esta maldad. Una frase que yo he acuñado es: «La maldad engendra la falta de amor». Existe tanta maldad en nuestra cultura hoy que estamos inclinados a endurecernos. Nos sentimos tentados a pensar: «No podemos evitarlo, así que, ¿qué caso hay? ¿Por qué debo preocuparme? Voy a ocuparme de lo mío». Los Estados Unidos, específicamente, están hoy bajo el asedio de la maldad.

¡Qué importante es ver que la maldad conduce a la pérdida del amor! El mundo tiene la falsa idea de que el amor es libre y sin ninguna cohibición, que es hacer cualquier cosa que a uno le plazca. Sin embargo, ese no es el tipo de amor que viene de Dios. El amor de Dios exige disciplina y autocontrol. El verdadero amor no es egoísta, agresivo o autocomplaciente. Tal tipo de amor produce en los cristianos disciplina. De modo que el libertinaje y el amor de Dios son términos opuestos. Donde abundan el libertinaje y la maldad, el amor de Dios se apaga en la gente. Debemos tomar las precauciones necesarias para mantener el amor por el Señor y el amor entre unos y otros.

Perseverando hasta el fin

Estos, pues, son los cinco elementos principales del principio de dolores que Jesús mencionó en su discurso. No todos cederán ante el temor, la persecución o la maldad. ¿Qué promete Jesús a quienes permanezcan fieles? «Mas el que persevere hasta el fin, éste será salvo» (v. 13). En el original griego, esta frase es aún más precisa. Dice: «Quien haya perseverado hasta el fin será salvo». Gracias a Dios, somos salvos ahora, pero si queremos permanecer salvos, tenemos que perseverar, y sólo hay una manera para aprender la perseverancia: es *perseverando*. La perseverancia es la preparación de Dios para lo que nos espera. No debemos quejarnos de ello. La Escritura dice:

«Hermanos míos, tened por sumo gozo cuando os halléis en diversas pruebas, sabiendo que la prueba de vuestra fe produce paciencia. Mas tenga la paciencia su obra completa, para que seáis perfectos y cabales, sin que os falte cosa alguna»   (Santiago 1:2-4).

Para ser perfectos y cabales tenemos que permitir que la perseverancia realice su obra perfecta. Esa es la clave de la supervivencia.

La última señal: respuesta a la segunda pregunta

Hasta esta parte de la disertación de Jesús hemos visto varias *señales* (en plural) del fin, pero él no ha respondido todavía la segunda pregunta de los discípulos: ¿qué *señal* (en singular) habrá del fin del siglo? Cuando llegamos a Mateo 24:14, tenemos la respuesta: «Y será predicado este evangelio del reino en todo el mundo, para testimonio a todas las naciones; y entonces vendrá el fin».

¿Cuándo vendrá el fin? Cuando este evangelio del reino sea predicado en todo el mundo como testimonio a todas las naciones. Esta es una declaración muy importante, pues significa que la iniciativa real en la historia del mundo no pertenece a los políticos, o a los comandantes militares, o a los científicos, sino a la iglesia. La iglesia es el único grupo de personas que puede acelerar la señal del fin de esta era: la predicación de este evangelio del reino. Me complace tanto que Jesús lo dijera. Él no sugirió que sería suficiente alguna versión desteñida y humanística del evangelio sino que afirmó que el mismo evangelio predicado por él y por los apóstoles tiene que ser el que se predique en todo el mundo como testimonio a todas las naciones.

Apocalipsis 7 nos dice algo acerca de la gente de estas naciones. Juan, al describir lo que vio en una visión, declara:

> «Después de esto miré, y he aquí una gran multitud, la cual nadie podía contar, de todas naciones y tribus y pueblos y lenguas, que estaban delante del trono y en la presencia del Cordero, vestidos de ropas blancas, y con palmas en las manos; y clamaban a gran voz, diciendo: La salvación pertenece a nuestro Dios que está sentado en el trono, y al Cordero» (Apocalipsis 7:9-10).

La gran multitud de personas que recibieron salvación mediante la fe en Cristo Jesús, el Cordero de Dios, proviene de todas las naciones, tribus, pueblos y lenguas. En otras palabras, antes de que la era termine, tiene que haber al menos un representante en el cuerpo de Cristo de cada nación, pueblo, tribu y lengua sobre la tierra. Creo que la razón es que Dios el Padre tiene un gran interés por la gloria de su Hijo. Por cuanto Jesús estuvo dispuesto a sufrir por toda la humanidad, Dios no permitirá que la era termine hasta que haya por lo menos un representante de cada tribu, pueblo, nación y lengua que reciba la salvación ofrecida a través de Jesús, el Hijo de Dios.

Esta es una tremenda responsabilidad, y es nuestra. Cuando consideramos todas las tragedias —el sufrimiento, la enfermedad, el odio, las guerras y la pobreza— que marcan la era presente y que van en aumento cada día, tenemos que enfrentar el hecho que a menos que hagamos nuestro trabajo tan rápido como podamos seremos responsables de sufrimiento adicional innecesario. No podemos olvidar nunca nuestra responsabilidad; y digo que esta es la máxima pasión de mi alma. Como dije antes, este es el versículo que me motiva: «Y será predicado este evangelio del reino en todo el mundo, para testimonio a todas las naciones; y entonces vendrá el fin» (Mateo 24:14). Asumo seriamente mi responsabilidad.

Es necesario que nos preguntemos para qué estamos viviendo. ¿Es para tener una vida fácil, para lograr lo máximo que podamos de la vida, un mejor empleo, un salario mejor, una casa más grande, un auto más rápido? ¿O estamos viviendo para este propósito: que este evangelio del reino sea proclamado en todo el mundo como testimonio a todas las naciones?

Cuando estemos ante el tribunal de Cristo, como en efecto estaremos, una de las preguntas que él nos hará a cada uno de será: «¿Qué hiciste para ayudar a la predicación del evangelio del reino a todas las naciones?» ¿Será que al estar ante su presencia le responderemos: «Lo siento, pero nunca tomé en serio este versículo. Viví como si el tiempo no fuera a tener fin, y como si todo lo que tuviera que hacer fuera ocuparme del número uno, y tal vez del número dos, y nada más?»

Este es un asunto demasiado serio. No quiero detenerme sólo allí, pero no sería objetivo si no señalara la seriedad de esta profecía.

Cada uno de nosotros puede hacer algo para contribuir al logro de esta meta. En Mateo 9, Jesús dice: «A la verdad la mies es mucha, más los obreros pocos» (v. 36). ¿Y qué dice luego? «Rogad, pues, al Señor de la mies, que envíe obreros a su mies» (vv. 37-38).

Todo el mundo puede orar; somos culpables si no lo hacemos. La mayoría de nosotros puede dar. Si consideramos todo el mundo tal como es hoy con sus seis mil quinientos millones de habitantes, pues la mayoría de nosotros somos ricos. «¿Cómo es eso?», preguntará usted. Pues bien, tenemos camas abrigadas, podemos escoger lo que comemos, y tenemos suficiente alimento. En cambio, hay millones y millones de personas sobre la tierra que no tienen estos privilegios. ¿Qué estamos haciendo con nuestro dinero? ¿Estamos derrochándolo indulgentemente mientras millones mueren de hambre? Y mueren no sólo de hambre física sino también por falta del Pan de Vida.

Para mí, Mateo 24:14 es uno de los versículos más importantes en la Biblia: «Y será predicado este evangelio del reino en todo el mundo, para testimonio a todas las naciones; y entonces vendrá el fin». Jesús dijo que, como señal del fin, el evangelio será predicado. Si él dijo que será así, lo será. La pregunta entonces es: ¿qué haremos al respecto?

6

La reunión
de los elegidos

Continuando con las enseñanzas de Jesús en Mateo 24 sobre las señales del fin, llegamos a un cambio dramático
en su discurso. Hasta ahora el énfasis ha estado en todo
el mundo y todas las naciones. En el versículo 15 la atención se
enfoca en una pequeña franja de territorio en el extremo oriental
del Mediterráneo, llamada de manera errónea por algunos *Palestina*, que significa tierra de los palestinos. Sin embargo, no es su
tierra sino de Israel. Aunque centraremos nuestra atención en
Israel y en los eventos de los últimos tiempos, en los capítulos
finales quiero seguir con la presentación de Jesús y su palabra
profética hacia Israel en este punto.

Mediante un pacto eterno, Dios entregó la tierra de Israel a
Abraham, Isaac y Jacob, y a sus descendientes. Ellos la poseerán.
No podemos emprender un estudio del tiempo final sin considerar nuestra actitud hacia ese pacto y los mismos judíos. No hay
lugar para la neutralidad. Leemos en Éxodo 3:

«Dijo Dios a Moisés: Así dirás a los hijos de Israel: Jehová, el Dios de vuestros padres, el Dios de Abraham, Dios de Isaac y Dios de Jacob, me ha enviado a vosotros. Este es mi nombre para siempre; con él se me recordará por todos los siglos»   (v. 15).

¿No es asombroso? El Dios Todopoderoso escogió ser conocido para siempre como el Dios de tres hombres. Hay que prestarle atención a este hecho.

Recordemos otro asunto de la Escritura. Jesús dijo con claridad que «la salvación viene de los judíos» (Juan 4:22). Seamos o no judíos, tenemos que entender que toda bendición espiritual que disfrutemos se la debemos a un pueblo: los judíos. Sin ellos no habría patriarcas, ni profetas, ni apóstoles, ni Biblia ni Salvador.

Creo que es tiempo de que empecemos a pagar la deuda. Por desgracia, la iglesia ha hecho mayormente lo contrario. Ha aumentado la deuda con siglos de prejuicio, malignidad y abierta persecución. A veces los creyentes tratan de hablar de Jesús a los judíos y encuentran que una pared de reserva se interpone. Eso se debe porque, a los ojos del inteligente pueblo judío que conoce la historia, su enemigo número uno es la iglesia cristiana. Eso tal vez nos ofenda, pero es cierto. Y ellos pueden dar muchas razones históricas para corroborarlo.

Darnos cuenta de ello provee una nueva comprensión de las palabras de Jesús en Mateo 24:28: «Porque dondequiera que estuviere el cuerpo muerto, allí se juntarán las águilas [o buitres]» (énfasis agregado). La primera vez que vi un buitre fue en Egipto, y eso fue bastante dramático. Primero observé una mancha en el cielo azul que empezó a descender poco a poco en círculos. Luego se le unieron otras manchas y, a medida que describían círculos, descendían más y más bajo. Supe de inmediato que alguien estaba muriendo en el suelo y que los buitres sólo esperaban su muerte para caerle. Jesús dijo: «Cuando vean los buitres haciendo círculos, ya saben dónde está el cuerpo».

Lo que diré es sencillamente una de mis teorías, y podría estar equivocado, pero estoy inclinado a pensar que este versículo se refiere a la forma en que la gente se relacionará con la ciudad de Jerusalén. Todos los buitres ya están en el aire describiendo círculos y descendiendo porque todo el mundo quiere un «pedazo de la torta». Los Estados Unidos, Gran Bretaña, la Unión Europea, los musulmanes, Rusia: todos como buitres caerán sobre su presa.

El programa de Dios para los judíos

Aunque veremos más y más las intenciones egoístas de los pueblos y naciones hacia Israel, necesitamos tener en mente que Dios tiene grandes planes para los judíos. En primer lugar, permítanme señalar lo que Pablo dice: «Ha acontecido a Israel endurecimiento en parte, hasta que haya entrado la plenitud [el número completo] de los gentiles; y luego todo Israel será salvo» (Romanos 11:25-26, énfasis agregado). Dios tiene un programa. En la actualidad, su programa es recoger una vasta cosecha de gentiles, y cuando se complete, todo Israel será salvo.

El hecho es que muchos más judíos están ahora comenzando a creer en Jesús como el Mesías. Esta es una de las señales de que estamos llegando a un punto de transición entre una era y la siguiente: la era de los gentiles a la era cuando Israel será una vez más la nación líder y representante de Dios en la tierra en medio de las naciones.

Esto nos lleva entonces a la advertencia que Jesús hace en Mateo 24:15: «Por tanto, cuando veáis en el lugar santo la abominación desoladora de que habló el profeta Daniel».

¿Qué es la abominación desoladora? Por supuesto, existen numerosas teorías al respecto. Sin embargo, creo que significa la manifestación del anticristo. Hace veinte años pensaba que su aparición estaba mucho más remota. De hecho, casi me reía de la gente que se ocupaba de esas ideas. Hoy, para mí, el anticristo está bien cercano, diría que «a la vuelta de la esquina».

No tengo duda acerca de lo que es el «Lugar Santísimo»: el área del templo en Jerusalén. Por lo menos dos pasajes bíblicos se refieren a ellos de manera directa. En el primero, el Señor está hablando a Salomón después de que terminó el edificio del Templo en un sitio específicamente señalado:

> «Yo he oído tu oración y tu ruego que has hecho en mi presencia. Yo he santificado esta casa que tú has edificado, para poner mi nombre en ella para siempre; y en ella estarán mis ojos y mi corazón todos los días»   (1 Reyes 9:3).

No importa quién ocupe ese sitio, Dios nunca ha invalidado su promesa. El segundo pasaje también confirma que Dios ha santificado ese lugar: «Porque Jehová ha elegido a Sion; la quiso por habitación para sí. Este es para siempre el lugar de mi reposo; aquí habitaré, porque la he querido» (Salmo 132:13-14).

No importa cuánto lo haya profanado el hombre (y estoy bien consciente, como lo mencioné antes, de que hoy se levanta allí un templo musulmán), Dios ha escogido ese lugar y, finalmente, será utilizado para sus propósitos. Ese es el Lugar Santo.

Ahora bien, hablando del anticristo, el apóstol Pablo lo menciona en relación con la venida del Señor:

> «Nadie os engañe en ninguna manera; porque no vendrá sin que antes venga la apostasía, y se manifieste el hombre de pecado, el hijo de perdición, el cual se opone y se levanta contra todo lo que se llama Dios o es objeto de culto; tanto que se sienta en el templo de Dios como Dios, haciéndose pasar por Dios»   (2 Tesalonicenses 2:3-4).

Creo que ese proceso es parte de lo que está incluido en Mateo 24:15, y tengo la convicción de que está muy cercano. No soy una persona que especula y puedo decir que es un hecho comprobado que grupos de judíos se están preparando concienzudamente para la restauración de un templo judío. También se ha descubierto por parte de arqueólogos judíos que el espacio que ocupaba el Lugar Santísimo no es donde está la Cúpula de la Roca (o mezquita de Omar) sino un poco más al norte. De modo que es concebible que el anticristo, que será un maestro de la política, pueda lograr un acuerdo entre judíos y árabes para que estos últimos retengan la mezquita de Omar y los judíos puedan construir su templo exactamente al norte, en el verdadero lugar del Lugar Santísimo. No digo que ocurrirá de esa manera, pero puede que sea así.

Tenemos que actuar con rapidez

Jesús dice que cuando el anticristo se manifieste en esa área en disputa, que actuemos y que lo hagamos con rapidez:

> «Entonces los que estén en Judea, huyan a los montes. El que esté en la azotea, no descienda para tomar algo de su casa; y el que esté en el campo, no vuelva atrás para tomar su capa»   (Mateo 24:16-18).

Este uso del *entonces* es dramático, pues habla de una partida tan rápida que no habrá tiempo de detenerse a tomar algo. En esa parte del mundo, muchas de las casas tienen techos planos con escaleras laterales que dan al exterior. Jesús dice que cuando esto ocurra, nadie que esté en la azotea debe descender y ni siquiera entrar a la casa. No hay tiempo. La gente debe salir tan pronto como pueda. Luego Jesús habla de un hombre en el campo: está con ropas de trabajo, sin algo que le sirva de abrigo. Jesús dice que cuando ocurra este hecho, sea lo que fuere, no se debe correr a la casa por abrigo, porque es demasiado tarde. Hemos notado que será una partida tan precipitada que las mujeres embarazadas y con bebés pequeños estarán en desventaja.

Como lo señalé en el capítulo 3, la profecía bíblica establece parámetros para la oración, y no podemos hacerlo con inteligencia o eficazmente fuera de estos parámetros. Jesús ha dicho que si estamos viviendo en Judea en ese tiempo, tendremos que huir. No debemos desperdiciar tiempo orando para no tener que huir. En cambio, debemos orar dentro de los lineamientos de no tener que huir en invierno, por obvias razones, o en día de reposo (el sábado). Y como lo dije antes, este último punto parte de la premisa del establecimiento del estado judío porque hasta que ello ocurra no habrá ninguna diferencia si la huída es en sábado o en cualquier otro día. Ese versículo nos dice mucho cuando comprendemos sus implicaciones.

La gran tribulación

En Mateo 24:21, Jesús dice: «Porque ... entonces». Note otro *entonces.* «Porque habrá entonces gran tribulación, cual no la ha habido desde el principio del mundo hasta ahora, ni la habrá». Consideremos lo que ha ocurrido incluso en nuestros días: el holocausto con seis millones de judíos cruelmente asesinados y quemados en hornos; Stalin, quien fue responsable de la muerte de siete millones de personas en la antigua Unión Soviética; Mao Tse Tung, que reconoció su responsabilidad por la muerte de sesenta millones de chinos.

Y bueno, aún así, Jesús está diciendo que algo peor que todo eso ocurrirá, algo que nunca ha sucedido hasta ahora y que no ocurrirá otra vez. Los científicos nos dicen que existe suficiente material nuclear explosivo sobre la tierra para destruir toda la raza humana más de cincuenta veces. Tal destrucción masiva ya no es una ridícula imposibilidad.

Una comprensión de los tratos de Dios con los judíos nos provee un discernimiento más claro del que pudiéramos haber tenido de toda la Escritura. El plan de Dios aparece justamente en medio de una de las raras frases largas de Pablo:

«Tribulación y angustia sobre todo ser humano que hace lo malo, el judío primeramente, y también el griego [gentil], pero gloria y honra y paz a todo el que hace lo bueno, al judío primeramente y también al griego» (Romanos 2:9-10, *énfasis agregado*).

De modo que hay un orden en el que Dios trata con unos y otros. Cuando la tribulación venga, llegará primero al judío y luego, al gentil. Tiemblo cuando pienso en el holocausto, porque si eso ocurrió a seis millones de judíos, ¿qué les sucederá a los gentiles? El asunto nunca termina con los judíos; ellos son el punto de inicio. El tratamiento es *primero* al judío y después al griego.

Jesús continúa diciendo: «Y si aquellos días no fuesen acortados, nadie sería salvo; mas por causa de los escogidos, aquellos días serán acortados» (Mateo 24:22).

La palabra escogido, que aparece en este pasaje tres veces, es un vocablo importante que significa «elegido». Quizá sea duro de aceptar, pero la Escritura indica que Dios tiene a quienes escogió: personas como usted o como yo. Somos salvos no porque nosotros escogimos a Jesús sino porque él nos eligió. Jesús dijo a sus discípulos: «No me escogieron ustedes a mí, sino que yo los escogí a ustedes» (Juan 15:16 NVI). Efesios 1:4 nos dice que Dios nos escogió en Cristo antes de la fundación del mundo.

Cuando Dios nos escoge, tenemos que hacer la decisión de responder a su elección; pero nosotros jamás iniciamos el acto de su elección. Dios conoce a cada uno que ha escogido. No somos una «idea tardía» o de última hora. No somos accidentes buscando un lugar de ocurrencia; somos parte de un plan eterno, uno que incluye toda una cantidad de personas que todavía no son creyentes. Dios las conoce a cada una de ellas y no descansará hasta que las haya reunido en un solo rebaño. Por eso es que estoy tan profundamente impresionado por las palabras de Pablo: «Por tanto, todo lo soporto por amor de los escogidos, para que ellos también obtengan la salvación que es en Cristo Jesús con gloria eterna» (2 Timoteo 2:10). Dios tiene sus escogidos en cada edad y en cada nación. Pablo dice que él está dispuesto a soportar lo que sea para estar en la reunión de los escogidos.

Además, Jesús nos dice que la era no terminará hasta que todos los escogidos sean reunidos: «Si aquellos días no fuesen acortados, nadie sería salvo; mas por causa de los escogidos, aquellos días serán acortados». En otras palabras, si Dios no acortara el período real de la gran tribulación, ningún ser humano sobreviviría. Obtenemos más luz sobre el tema de la gran tribulación en Apocalipsis 7. En el último capítulo vimos en este pasaje la referencia a una multitud —de todas las naciones, tribus, pueblos y lenguas— que se ha reunido delante del trono:

«Entonces uno de los ancianos me preguntó: —Esos que están vestidos de blanco, ¿quiénes son, y de dónde vienen? —Eso usted lo sabe, mi Señor —respondí. Él me dijo: —Aquellos son los que están saliendo de la gran tribulación; han lavado y blanqueado sus túnicas en la sangre del Cordero» (Apocalipsis 7:13-14 NVI).

Juan no está hablando de los que *han salido* sino de los que *están saliendo*. En realidad, Juan los está viendo salir de la gran tribulación. Con el uso del artículo determinado *la* se indica que sólo hay una tribulación. Es una tribulación única. Nunca ha ocurrido antes ni ocurrirá después. Luego, el siguiente versículo expresa estas maravillosas palabras: «Por eso, están delante del trono de Dios, y día y noche le sirven en su templo; y el que está sentado en el trono les dará refugio en su santuario» (v. 15 NVI).

¡Qué cuadro más hermoso! Es algo a lo que necesitamos dar atención porque volveremos muchas veces sobre el tema. No podemos perder de vista la meta pues, de lo contrario, como dice la Biblia, «para que vuestro ánimo no se canse hasta desmayar» (Hebreros 12:3). Nunca perdamos de vista el final de la era planeado por Dios. Vale la pena pasar por todas esas cosas para llegar allí.

7

Mirar hacia arriba,
señales en los cielos

En este punto de su discurso, Jesús revela señales claves que tienen un tema en común: tienen alguna relación con los cielos. En este punto, también dice a sus discípulos que regresará en las nubes y que los creyentes se reunirán con él en el aire. Estas señales y promesas hacen volver nuestra mirada hacia los cielos.

El falso profeta

Una de las señales más dramáticas en el cielo la realiza el falso profeta, que es el principal apoyo del anticristo. La magnitud de las capacidades de este personaje, al parecer, será causa de que algunos se extravíen de su fe. Nuestro próximo *entonces* en Mateo 24 nos provee el siguiente panorama:

«Entonces, si alguno os dijere: Mirad, aquí está el Cristo, o mirad, allí está, no lo creáis. Porque se levantarán falsos Cristos, y falsos profetas, y harán grandes señales y prodigios, de tal manera que engañarán, si fuere posible, aún a los escogidos»   (vv. 23-24).

Apocalipsis 13 habla de las realizaciones de este falso profeta:

«También hace grandes señales, de tal manera que aún hace descender fuego del cielo a la tierra delante de los hombres. Y engaña a los moradores de la tierra con las señales que se le ha permitido hacer en presencia de la bestia, mandando a los moradores de la tierra que le hagan imagen a la bestia que tiene la herida de espada, y vivió»   (vv. 13-14).

Este hombre estará en capacidad de hacer caer fuego del cielo. No sé de ningún predicador del día de hoy que pueda hacer tal cosa. No obstante, éste será un siervo del diablo y utilizará dichas señales sobrenaturales para engañar a la gente.

El diablo es capaz de hacer señales y milagros dramáticos. Muchos cristianos tienen la tendencia a pensar que *si es algo sobrenatural, tiene que ser de Dios*, pero eso no es cierto, y tenemos que recordarlo continuamente. En Hechos 16 leemos el relato de una adivina, una esclava de alguien que seguía a Pablo y a Silas por la calle mientras decía: «Estos hombres son siervos del Dios Altísimo, quienes os anuncian el camino de salvación» (Hechos 16:17). Ella es la primera persona en Filipo en saber quiénes son; pero es una sierva del diablo. Tiene una palabra satánica de conocimiento. ¿Cuál es la reacción de Pablo? ¿La hace miembro de la iglesia de Filipo? No, él echa fuera el espíritu de adivinación que la posee.

Veo a muchos cristianos a quienes los poderes satánicos están preparando para el engaño mediante falsas señales y milagros por causa de su fascinación por el futuro. Los milagros no establecen la verdad; la verdad está establecida por la Palabra de Dios. Jesús dijo: «Tu palabra es verdad» (Juan 17:17). Eso es todo lo que necesitamos saber. Cualquier cosa contraria a la Biblia no es verdad y no es de Dios.

Jesús dice en Mateo 24:25: «Ya os lo he dicho antes». En otras palabras, «ustedes no pueden decir que nunca fueron advertidos». De hecho, quienes leen este libro no podrán decir nunca a partir de ahora que no fueron advertidos.

Estrellas caídas

Hay más señales en los cielos que anunciarán su venida. En Mateo 24:29 leemos: «E Inmediatamente después de la tribulación de aquellos días, el sol se oscurecerá, y la luna no dará su resplandor, y las estrellas caerán del cielo, y las potencias de los cielos serán conmovidas». La frase «las estrellas caerán del cielo» se puede entender de varias maneras. Sin embargo, pienso que no se refiere a las estrellas que vemos en la noche. Me inclino a creer que eso significa que los ángeles caídos serán destronados y arrojados de los cielos. Permítame darle dos ejemplos de esto tomados del libro de Apocalipsis: «El tercer ángel tocó la trompeta, y cayó del cielo una gran estrella, ardiendo como una antorcha, y cayó sobre la tercera parte de los ríos, y sobre las fuentes de las aguas. Y el nombre de la estrella es Ajenjo. Y la tercera parte de las aguas se convirtió en ajenjo; y muchos hombres murieron a causa de esas aguas, porque se hicieron amargas» (Apocalipsis 8:10-11). Ese es un ángel satánico desalojado del cielo. Y luego, al comienzo del capítulo 9: «El quinto ángel tocó la trompeta, y vi una estrella que cayó del cielo a la tierra; y se le dio la llave del pozo del abismo. Y abrió el pozo del abismo, y subió humo del pozo como humo de un gran horno; y se oscureció el sol y el aire por el humo del pozo» (vv. 1-2).

Se describe aquí a los ángeles satánicos como estrellas en los cielos. No visualizo a todo el conjunto de constelaciones cayendo del cielo sino a los poderes de los cielos —el trono del diablo y su reino en los cielos— siendo desmantelados al punto en donde sus ángeles comienzan a ser removidos de sus posiciones.

Cristo viene en las nubes

Algunas personas exponen una teoría según la cual la iglesia llegará a ser tan poderosa políticamente que asumirá el control del mundo y lo pondrá en orden para ofrecérselo a Jesús cuando vuelva. Sin embargo, esto no está en concordancia con lo que dice la Escritura. No hay la menor indicación de que el mundo estará en buen orden cuando Jesús venga. Por el contrario, estará en la peor situación de toda la historia. Le corresponde a Jesús, no a la iglesia, ponerlo en orden:

«Entonces aparecerá la señal del Hijo del Hombre en el cielo; y entonces lamentarán todas las tribus de la tierra, y verán al Hijo del Hombre viviendo sobre las nubes del cielo, con poder y gran gloria» (Mateo 24:30). *Note los dos entonces que hay en este versículo.*

Zacarías profetizó que todas las tribus de Israel lamentarán cuando vean a su Mesías y reconozcan que fueron quienes lo crucificaron (ver Zacarías 12:10-14). Al parecer, este lamento se hará extensivo a todas las tribus de la tierra cuando vean a Jesús llegando en gloria.

Una de las razones por las que la gente será engañada por el falso mesías es por circunscribir el regreso de Jesús a un solo lugar. Jesús dijo algo diferente: «Así que, si os dijeren: Mirad, está en el desierto, no salgáis; o mirad, está en los aposentos, no lo creáis. Porque como el relámpago que sale del oriente y se muestra hasta el occidente, así será también la venida del Hijo del Hombre» (Mateo 24:26-27).

En realidad, me encanta pensar en la venida del Hijo del Hombre en las nubes con poder y gran gloria. Cuando llegue, veremos una gloria triple, tal como se describe a continuación: «Porque el que se avergonzare de mí y de mis palabras, de éste se avergonzará el Hijo del Hombre cuando venga en su gloria, y en la del Padre, y de los santos ángeles» (Lucas 9:26).

Se manifestará la gloria de Jesús, la gloria del Padre, y la gloria de los ángeles. Isaías 24:23 dice que el sol y la luna se avergonzarán porque su luz —en comparación— será tenue e ineficaz. Este hecho me impresiona. Apenas si lo puedo imaginar. Además, la luz de la gloria divina, aunque tan brillante, no lastimará nuestros ojos. Ansiosamente espero verla.

Es un hecho digno de esperarse y de que soportemos lo que sea necesario por Él. Si lo perdemos de vista, podemos desanimarnos porque las cosas se pondrán peor. Recuerde, los dolores de parto no disminuirán; por el contrario, aumentarán.

La iglesia raptada se levanta

Cuando el Señor vuelva y descienda de los cielos, su presencia será visible para el mundo entero, como lo será también el levantamiento de su pueblo para encontrarse con él en el aire, un acontecimiento conocido como el rapto. Recuerdo haber oído en el pasado una enseñanza según la cual habrá un «rapto secreto». Mi observación es que *secreto* es el último adjetivo que se debería usar para describir el rapto. Nada más público ocurrirá en la historia humana, a juzgar por la descripción que hace Jesús: «Y enviará sus ángeles con gran voz de trompeta, y juntarán a sus escogidos, de los cuatro vientos, desde un extremo del cielo hasta el otro» (Mateo 24:31).

¡Ese no es un acontecimiento secreto! Note también que no está hablando de que la iglesia sea llevada arriba; más bien se refiere a los escogidos de Dios que aún permanezcan en la tierra. El siguiente pasaje nos hace una descripción plena de lo que ocurrirá en ese momento:

«Tampoco queremos, hermanos, que ignoréis acerca de los que duermen, para que no os entristezcáis como los otros que no tienen esperanza, porque si creemos que Jesús murió y resucitó, así también traerá Dios con Jesús a los que durmieron en él. Por lo cual os decimos esto en palabra del Señor: que nosotros que vivimos, que habremos quedado

hasta la venida del Señor, no precederemos a los que durmieron. Porque el Señor mismo con voz de mando, con
voz de arcángel, y con trompeta de Dios, descenderá del
cielo; y los muertos en Cristo resucitarán primero. Luego
nosotros los que vivimos, los que hayamos quedado, seremos arrebatados juntamente con ellos en las nubes para
recibir al Señor en el aire, y así estaremos siempre con el
Señor»   (1 Tesalonicenses 4:13-17).

Hay dos palabras griegas que significan aire: una es *aither*, de la
cual derivamos «éter»; la otra es *aer*, de la que se deriva «aire». La
palabra *aer*, que designa la zona más baja, contigua a la superficie
terrestre, es la que se utiliza aquí. En otras palabras, Jesús estará
bastante cerca de la tierra cuando seamos arrebatados para en-
contrarnos con él.

¿Cómo podría alguien no estar consciente de que algo está
ocurriendo cuando el Señor grita, el arcángel habla y la trompeta
de Dios suena?

Algunas personas dicen que la palabra *rapto* no se encuentra
en el Nuevo Testamento. Eso es bastante cierto, pero eso depende
de la traducción que se use. El Nuevo Testamento no fue escrito
originalmente, por supuesto, en español. Con facilidad podríamos traducir: «Seremos arrebatados ... para recibir al Señor en el
aire» en 1 Tesalonicenses 4:17 como *«seremos raptados ... para recibir
al Señor en el aire»*. Serían traducciones totalmente correctas.

¿Qué decimos entonces de esta palabra *rapto*? Que es fascinan-
te y capta la atención. La palabra griega es *harpazo*. Diferentes
pasajes en el Nuevo Testamento utilizan esta palabra para darnos
un cuadro claro de cómo será el arrebatamiento. En primer lugar,
en tres ocasiones se utiliza en Juan 10 para describir la acción de
un lobo que arrebata una oveja de la manada. Es una acción violenta e inesperada (ver vv. 12,28-29).

En Mateo 13:4,19 se utiliza para describir la acción de un ave
que desciende, toma una semilla y se la lleva. Se utiliza en el Nuevo Testamento en varios relatos de personas que son levantadas
de la tierra. Después de que Felipe bautizó al eunuco, fue raptado

(ver Hechos 8:39). Pablo habla de uno de sus amigos, mencionado dos veces en 2 Corintios 12, que fue llevado al tercer cielo (ver vv. 2,4). Y Apocalipsis 12:5 dice: «Y ella dio a luz un hijo varón ... y su hijo fue arrebatado para Dios y para su trono» (ver 1 Tesalonicenses 4:17).

Cuatro veces se usa en otros pasajes esta misma palabra cuando alguien es sacado a la fuerza de una multitud o de alguna situación (ver Mateo 11:12; Juan 6:15; Hechos 23:10; Judas 23).

Esta es una lista de aspectos que la acción de rapto implica:

* ❊ Ocurre sin advertencia.
* ❊ Es repentina y forzada.
* ❊ No da tiempo para alistarse. Si estamos en el proceso de alistamiento, será demasiado tarde.

Mateo 24, con otro *entonces*, nos dice cuán rápidamente ocurrirá el rapto: «Entonces estarán dos en el campo; el uno será tomado, y el otro será dejado. Dos mujeres estarán moliendo en un molino; la una será tomada, y la otra será dejada» (vv. 40-41).

En Lucas 17 dice que habrá dos en una cama: uno será tomado, y el otro será dejado (ver v. 34). De modo que aquí ocurre una separación repentina, dramática y eterna de personas que son cercanas: dos mujeres trabajando en el molino, los dos hombres que trabajan en el campo, incluso dos que comparten la misma cama. Cuando el rapto ocurra, arrebatará a uno y dejará al otro. ¿En cuál grupo estaremos nosotros? ¿Seremos arrebatados o dejados? Es importante que decidamos este asunto.

«Velad, pues, porque no sabéis a qué hora ha de venir nuestro Señor. Pero sabed esto, que si el padre de familia supiese a qué hora el ladrón habría de venir, velaría, y no dejaría minar su casa. Por tanto, también vosotros estad preparados. Porque el Hijo del Hombre vendrá a la hora que no pensáis»   (Mateo 24:42-44).

Si el padre hubiera sabido lo que ocurriría, hubiera permanecido despierto y vigilante. Así es que Jesús dice: «Estén listos». Si pensamos que sabemos, en realidad no sabemos. Si esperamos que venga en un determinado momento, ese no será el tiempo de su venida. Enfatizo esto porque me duele que millones de cristianos hayan caído por revelaciones en el sentido de que Jesús llegaría en un cierto día o a una cierta hora. Sin embargo, eso es totalmente contrario a su enseñanza. Ya antes hemos notado estas palabras en Marcos 13:

> «Velad, pues, porque no sabéis cuándo vendrá el Señor de la casa; si al anochecer, o a la media noche, o al canto del gallo, o a la mañana; para que cuando venga de repente, no os halle durmiendo. Y lo que a vosotros digo, a todos lo digo: Velad»   (Marcos 13:35-37).

Tenemos que estar vigilantes. Eso no significa que no podemos dormir literalmente, pero sí que debemos ser sensibles a lo que el Espíritu Santo está diciendo, de modo que pueda alertarnos a cualquier hora del día o de la noche.

Cuando a la higuera le brotan hojas

Hay una última señal que Jesús da en su discurso y que implica mirar hacia arriba. Esa es la parábola de la higuera:

> «De la higuera aprended la parábola: Cuando ya su rama está tierna, y brotan las hojas, sabéis que el verano está cerca. Así también vosotros, cuando veáis todas estas cosas, conoced que está cerca, a las puertas. De cierto os digo, que no pasará esta generación hasta que todo esto acontezca»   (Mateo 24:32-34).

La mayoría de la gente está familiarizada con las cuatro estaciones —primavera, verano, otoño e invierno—, pero no lo está todo el mundo. Cuando estuve enseñando en África oriental, tuve que explicar a mis estudiantes que en algunas partes del mundo los árboles pierden sus hojas. Cuando usted los mira en su parte superior, ve varas desnudas recortando su silueta contra el cielo. Luego comienza a operarse un cambio. Comienzan a aparecer pequeños retoños tiernos que dan un aspecto verdoso. Cuando esto ocurre, sabemos que el verano está llegando.

En el relato que hace Lucas de este discurso, Jesús dice que miremos la higuera y todos los árboles (ver Lucas 21:29). En otras palabras, los cambios ocurrirán primero en la higuera y luego, en todos los árboles.

Esto está ocurriendo con las naciones. Por un largo período fueron sólo varas desnudas, pero ahora, en todo el mundo, dichas naciones están echando hojas. En Mayo de 1948, Israel, la higuera, se vistió de hojas. Estaba allí cuando esto ocurrió. Se liberaron de los británicos como lo habían hecho otras naciones, y dijeron: «Somos un pueblo con identidad propia. Tenemos nuestra historia, cultura y lengua. Queremos gobernarnos por sí solos».

Después de eso, otros árboles comenzaron a vestirse de hojas. Sólo en África han aparecido por lo menos cincuenta naciones. ¿Cuál es la motivación de su independencia? Habiendo vivido entre los africanos precisamente dos o tres años antes de ser naciones independientes y soberanas, puedo decirle cuál es su motivación. Dijeron: «Somos un pueblo con identidad propia. Tenemos nuestra lengua. Podemos hablar inglés, pero ese no es nuestro idioma. Tenemos nuestras costumbres, nuestra propia manera de vestir. Queremos ser nosotros mismos». ¿Y qué es eso? Es el surgimiento del nacionalismo, y está ocurriendo en todo el mundo. Los árboles se están vistiendo de hojas.

El *colonialismo* —control por parte de una potencia sobre un pueblo dependiente— es una palabra repudiada hoy, pero ese no era el caso hace cincuenta años. La nueva tendencia es *nacionalismo* o *etnicidad*. ¿Qué significa eso? Que los árboles se están vistiendo de hojas. En efecto, Jesús dice que cuando veamos las hojas brotando en los árboles, no necesitamos ir a la biblioteca pública para averiguar qué es lo que ocurrirá. El verano está cerca, y cuando veamos que esto está sucediendo en el mundo, no será necesario ir a la iglesia a preguntarle al pastor. Podremos ver por nuestra cuenta que está ocurriendo un cambio.

Esta es una de las grandes señales del final de la era: el surgimiento del nacionalismo. Es un sentimiento casi universal y todavía no hemos visto su fin. Por ello sabemos que el verano está cerca. Miramos a los árboles y nos damos cuenta por sí solos. Debemos permanecer despiertos, estar alerta, despertar de nuestro sueño carnal. Muchas señales ocurrirán en los cielos a medida que el final de los días se acerca; señales dramáticas y asombrosas. Por éstas sabemos que la venida de Jesús está cerca.

8

Sociedades
como la nuestra,
los días de Noé y Lot

A través de muchos pasajes proféticos diferentes, la Biblia presenta un cuadro compuesto de lo que será el mundo a medida que la era actual se acerca a su final. Reúne varios eventos y tendencias importantes que, en conjunto, harán de los días inmediatamente anteriores al final de la presente era un período único y singular de la historia humana.

Dos de estos pasajes proféticos describen sociedades históricas reales, y Jesús nos dice que tomemos nota de tales. Nos dice que el día de su venida el mundo será «exactamente como era» en los días de Noé y en los días de Lot.

¿Cuáles eran las características distintivas de esas sociedades y cuál es su parecido con nuestro mundo? En este capítulo veremos algunos de los elementos principales en el cuadro que pinta la Biblia de la condición del mundo en esos días, y referencias a

escenas que ocurren en el mundo alrededor de nosotros el día de
hoy. Las similitudes son impactantes.

Los días de Noé

Para ver el primer elemento en el cuadro profético de la Biblia
de estos últimos días, continuemos con las palabras de Jesús en
Mateo 24:

«Mas como en los días e Noé, así será la venida del Hijo
del Hombre. Porque como en los días antes del diluvio
estaban comiendo y bebiendo, casándose y dando en casamiento, hasta el día en que Noé entró en el arca, y no
entendieron hasta que vino el diluvio y se los llevó a todos, así será también la venida del Hijo del Hombre»
(vv. 37-39).

El relato paralelo en Lucas 17:26 dice de esta manera: «Como fue
en los días de Noé, así también será en los días del Hijo del Hombre
[los días previos al regreso de Jesús]» (énfasis agregado). Para entender
los días previos al regreso de Jesús, necesitamos averiguar cómo
era la vida en los días de Noé. Para tener una descripción de esos
días y sus principales elementos, miraremos Génesis 6:

«Aconteció que cuando comenzaron los hombres a multi-
plicarse sobre la faz de la tierra, y les nacieron hijas, que
viendo los hijos de Dios que las hijas de los hombres eran
hermosas, tomaron para sí mujeres, escogiendo entre todas. Y dijo Jehová: No contenderá mi espíritu con el hombre para siempre, porque ciertamente él es carne; mas serán sus días ciento veinte años. Había gigantes en la tierra
en aquellos días, y también después que se llegaron los
hijos de Dios a las hijas de los hombres, y les engendraron
hijos. Estos fueron los valientes que desde la antigüedad
fueron varones de renombre» (vv. 1-4).

Mi opinión personal es que la frase *los hijos de Dios*, utilizada aquí y en los otros pasajes, se refiere a ángeles. El cuadro es de seres angélicos de un nivel sobrenatural sobre la tierra que descendieron y tuvieron relaciones sexuales con las hijas de los hombres, o sea, mujeres humanas. Vemos también que cuando esto empezó a ocurrir, Dios estableció un límite al período de tiempo durante el cual toleraría este tipo de relación contra naturaleza: ciento veinte años.

La palabra *Nefilim* es una palabra hebrea que tiene relación directa con el verbo *caer*, que en hebreo es *nafal*. Así que *Nefilim* significa «los caídos». Para mí es claro que significa ángeles caídos. En la versión de la Biblia llamada la *New American Standard Bible*, este versículo dice así:

> «Los Nefilim (ángeles caídos) estaban sobre la tierra en aquellos días, y también después, cuando los hijos de Dios (los ángeles) se allegaron a las hijas de los hombres y éstas les dieron a luz hijos. Esos fueron los hombres poderosos de la antigüedad, hombres de renombre» (v. 4).

Este cuadro de relación sobrenatural entre ángeles caídos del ámbito celestial y mujeres de la raza humana lo encuentran algunos sorprendente y difícil de creer. Educado como fui en los clásicos en Gran Bretaña en latín y en griego, no tengo dificultad en creerlo. La historia y la mitología, tanto de griegos como de romanos, está llena de relatos de personas que ellos llamaron «dioses» (a quienes llamaríamos «ángeles caídos») y que tuvieron relaciones sexuales con mujeres.

Ese es el cuadro inicial de las condiciones específicas de la época de Noé. Tal vez podríamos resumir lo anterior con esta frase: *en tiempos de Noé había una fuerte presión y penetración en la raza humana del mundo oculto, espiritual e invisible.*

El siguiente versículo en Génesis 6 nos da una mayor descripción del mundo en los días de Noé: «Y vio Jehová que la maldad de los hombres era mucha en la tierra, y que todo designio de los pensamientos del corazón de ellos era de continuo solamente al mal» (v. 5).

Aquí el énfasis está en la experiencia interior del ser humano, lo que ocurre en su mente y en su corazón. La Escritura nos dice que su imaginación —sus pensamientos y sus intenciones— era toda mala. Una frase con la que podríamos resumir esta situación sería: *corrupción universal del pensamiento y de la vida*. Todo se había contaminado —las imágenes, la expresión y los conceptos—, todo fue permeado por lo sucio e impuro.

El siguiente elemento distintivo de la era de Noé es que «la tierra estaba llena de violencia» (v. 11). Al parecer hubo un repentino aumento de crímenes y violencia. Los hombres llegaron a ser tan impetuosos en sus acciones y actitudes que la violencia se convirtió en un estilo de vida común que todos aceptaron.

Si hay una característica de la vida en el tiempo de Noé que se repite en nuestros días es la violencia generalizada. Soy lo suficientemente viejo como para recordar cuando las damas podían caminar seguras por las calles de las principales ciudades tanto de Gran Bretaña como de Estados Unidos, incluso de noche. Ahora no hay seguridad para hacerlo ni siquiera de día en algunas de nuestras ciudades principales. Hemos llegado a aceptar esto como un hecho, pero uno comparativamente reciente. Estamos resignados a que es parte de la vida. La tierra está llena de violencia.

En el siguiente versículo tenemos otro aspecto de los días de Noé: «Y miró Dios la tierra, y he aquí que estaba corrompida; porque toda carne había corrompido su camino sobre la tierra» (v. 12).

Tal vez como ninguna otra, la palabra *corrompido* expresa la condición del mundo. Había total corrupción de todas las relaciones que asociamos con la carne. Básicamente —y muy en particular— la vida sexual y las relaciones de la época habían llegado a ser corruptas y contra naturaleza, lo que produjo como resultado degradación y perversión.

Hoy, tal cosa es algo común. Hace algo así como treinta años llegué a darme cuenta que cristianos asistentes a la iglesia tenían prácticas sexuales perversas, especialmente el abuso de los jovencitos y jovencitas. No obstante, nadie hablaba de ello en esos días, y para mí fue un impacto tremendo descubrir que estaba ocurriendo. Hoy todo el mundo sabe que eso ocurre en las iglesias.

Entre los no cristianos la perversión sexual está de moda. Incluso muchos hacen alarde de ello. Hay programas de televisión que en realidad se deleitan en exponer todos los detalles desagradables.

Si reunimos todas esas imágenes, podemos identificar cuatro aspectos distintivos de los tiempos de Noé. Mientras examinamos la lista, pensemos qué tan similares son las condiciones de nuestra sociedad y de la cultura que nos envuelve en el mundo de hoy.

1. Era una cultura con una intensa presión y penetración del mundo oculto. Había relaciones no naturales entre seres de diferente orden: seres espirituales de un ámbito superior con seres humanos sobre la tierra.

2. Existía una corrupción universal del pensamiento.

3. Había violencia creciente, y los crímenes violentos aumentaban dramáticamente.

4. Había corrupción y perversión sexual generalizada.

¿Tiene todo esto semejanza con la sociedad y la cultura nuestras en la actualidad? ¿Vemos una creciente penetración de fuerzas e influencias ocultas en la vida humana normal? ¿Se ha corrompido la forma de pensar, se ha degenerado el lenguaje y se ha llenado con imágenes y sugerencias impuras? ¿Está la tierra llena de violencia? ¿Vemos que la corrupción y la perversión sexual a nuestro alrededor aumentan? Obviamente la respuesta a todas estas preguntas es un sí.

Los días de Lot

Jesús compara este período final no sólo con la época de Noé sino con los días de Lot:

«Como fue en los días de Noé, así también será en los días del Hijo del Hombre / Así mismo, como sucedió en los días de Lot; comían, bebían, compraban, vendían, plantaban, edificaban; mas el día en que Lot salió de Sodoma, llovió del cielo fuego y azufre, y los destruyó a todos. Así será el día en que el Hijo del Hombre se manifieste» (Lucas 17:26,28-30).

Tenemos que mirar en Génesis 19 para tener un cuadro exacto de lo que Jesús estaba describiendo:

«Caía la tarde cuando los dos ángeles llegaron a Sodoma. Lot estaba sentado a la entrada de la ciudad. Al verlos, se levantó para recibirlos y se postró rostro en tierra. Les dijo: —Por favor, señores, les ruego que pasen la noche en la casa de este servidor suyo. Allí podrán lavarse los pies, y mañana al amanecer seguirán su camino. —No, gracias — respondieron ellos—. Pasaremos la noche en la plaza. Pero tanto les insistió Lot que fueron con él y entraron en su casa. Allí Lot les preparó una buena comida y coció panes sin levadura, y ellos comieron. Aún no se habían acostado cuando los hombres de la ciudad de Sodoma rodearon la casa. Todo el pueblo sin excepción, tanto jóvenes como ancianos, estaba allí presente. Llamaron a Lot y le dijeron: —¿Dónde están los hombres que vinieron a pasar la noche en tu casa? ¡Échalos afuera! ¡Queremos acostarnos con ellos! Lot salió a la puerta y, cerrándola detrás de sí, les dijo: — Por favor, amigos míos, no cometan tal perversidad. Tengo dos hijas que todavía son vírgenes; voy a traérselas para que hagan con ellas lo que les plazca, pero a estos hombres no les hagan nada, pues han venido a hospedarse bajo mi techo. —¡Quítate de ahí! —le contestaron, y añadieron—: Éste ni siquiera es de aquí, y ahora nos quiere mandar. ¡Pues ahora te vamos a tratar peor que a ellos! Entonces se lanzaron contra Lot y se acercaron a la puerta con intenciones de derribarla. Pero los dos hombres extendieron los brazos, metieron a Lot en la casa y cerraron la puerta. Luego, a los jóvenes y ancianos que se agolparon contra la puerta de la casa los dejaron ciegos, de modo que ya no podían encontrar la puerta. Luego le advirtieron a Lot: —¿Tienes otros familiares aquí? Saca de esta ciudad a tus yernos, hijos, hijas, y a todos los que te pertenezcan, porque vamos a destruirla. El clamor contra esta gente ha llegado hasta el Señor, y ya resulta insoportable. Por eso nos ha enviado a destruirla»   (vv. 1-13 NVI).

En español el nombre de esa ciudad, Sodoma, se aplica a una forma particular de perversión sexual llamada «sodomía», lo que ahora mal se llama «ser gay». Quizá la palabra más utilizada en nuestros días es *homosexualidad*. En muchas maneras, la época de Lot fue similar a la de Noé. Sin embargo, había en los días de Lot un énfasis especial en la homosexualidad: hombres que deseaban relación sexual con otros hombres.

Esta inclinación particular era descarada y tenía lugar a campo abierto. Ni fingía ni ocultaba nada. No era pasiva; por el contrario, era bien agresiva. Salía a buscar a sus víctimas con determinación y estaba preparada para responder con violencia física. Además, involucró tanto a jóvenes como a viejos. Génesis 19 relata que se reunieron todos «sin excepción, tanto jóvenes como ancianos». Al parecer, toda la población masculina de esta ciudad estaba entregada totalmente a esta forma de homosexualidad descarada, agresiva y violenta. Y, finalmente, ésta ignoraba las normas de comportamiento aceptadas. En esos días pedirle a un hombre que sacara a sus invitados y los sometiera a vergüenza y degradación era la petición más horrible que se le podía hacer.

Por lo tanto, podemos identificar también cuatro aspectos distintivos de esta sociedad:

1. Era una cultura o civilización dada a esta relación sexual anormal entre los hombres (no leemos allí nada en particular acerca de las mujeres).

2. Su perversión era descarada, agresiva y violenta.

3. Involucraba tanto a los jóvenes como a los viejos.

4. Ignoraba todas las normas aceptadas de comportamiento.

Podemos considerar lo que vemos en Estados Unidos de América y en el así llamado mundo Occidental hoy, y sacar nuestras propias conclusiones. De mi observación directa en las últimas décadas pasadas puedo decir que esta tendencia se ha incrementado con increíble rapidez.

Algunos de los juicios de Dios son lo que llamamos «ejemplares» (que sirven de modelo), como los juicios de Sodoma, la ciudad de Lot, y Gomorra. La gente de aquellos lugares fue destruida, pero esa no es la manera en que Dios juzga a todos los que son culpables de esas prácticas. Fue un juicio ejemplar para mostrar, de una vez y por todas, lo que Dios piensa realmente de este comportamiento. Vemos un modelo similar en el juicio a Ananías y Safira, que fueron hipócritas y pretendieron hacer creer que dieron más a la obra de Dios de lo que realmente entregaron, y por eso perecieron (ver Hechos 5:1-11). En ese caso, si Dios juzgara de la misma manera a todos los que son hipócritas en cuanto a lo que le dan a él, nuestras iglesias tendrían muchos menos miembros. Sin embargo, Dios no hace eso. Él declaró, de una vez y para siempre, lo que piensa acerca de la hipocresía y de la conducta de los ciudadanos de Sodoma y Gomorra.

El pecado real de Sodoma

Quiero agregar una nota importante. Muchas personas piensan que el pecado real de Sodoma fue la homosexualidad, pero ese no es el cargo o acusación que Dios les hace. Esto me asombró cuando lo descubrí por primera vez. El capítulo 16 de Ezequiel, cuyo contenido está dirigido a la ciudad de Jerusalén, la compara con Sodoma, y esto es lo que el Señor dice respecto a esta última:

«He aquí que esta fue la maldad de Sodoma tu hermana: soberbia, saciedad de pan, y abundancia de ociosidad tuvieron ella y sus hijas; y no fortaleció la mano del afligido y del menesteroso» (v. 49).

No hay mención de la homosexualidad. No digo que Dios sea indiferente a ello. Para nada. No obstante, los pecados básicos de Sodoma fueron el egoísmo, la carnalidad, la autoindulgencia y preocuparse sólo por el número uno, es decir, por sí mismos. Esta no es más que mi opinión, pero creo que el tipo de cultura de Sodoma siempre produce homosexualidad. Por eso es que tenemos tantos homosexuales en el mundo hoy, porque los pecados de nuestros días son exactamente como los de Sodoma: «Orgullo, saciedad de comida, y abundancia de ocio; y no fortalecer tampoco la mano del pobre y del necesitado».

¡Qué buena descripción de nuestra cultura contemporánea! Gracias a Dios, existen maravillosas excepciones, pero son tan solo eso, excepciones. Podemos lamentar el aumento de la homosexualidad, pero creo que, tal como lo describe Ezequiel 16, el tipo de cultura de Sodoma siempre la producirá. Ahora bien, ésta no es la raíz sino el egoísmo, la autoindulgencia y la indiferencia hacia los demás.

Un factor final

Hay un aspecto final de los últimos días que señala Jesús y que estaba presente en ambas sociedades, la de Noé y Lot. Jesús habla de estas actividades: «Comían, bebían, se casaban y se daban en casamiento / Así mismo como sucedió en los días de Lot: comían, bebían, compraban, vendían, plantaban, edificaban» (Lucas 17:27-28).

Jesús menciona ocho actividades específicas: comer, beber, casarse, dar en casamiento, comprar, vender, plantar y edificar. No hay nada intrínsecamente pecaminoso en ninguna de estas actividades. De modo que, ¿cuál era el problema? Pues bien, que estaban tan inmersos en esas actividades que no reconocieron los días en que estaban viviendo. Resumiría el problema en una sola palabra: *materialismo*. Estaban tan sumergidos en lo material que ya no tenían ninguna comprensión de lo espiritual y eterno, ni eran sensibles a ello.

El rasgo final de los días de Noé y de los de Lot era entonces el *materialismo*. ¿Cuánto materialismo hay en el mundo de hoy? Diría que la civilización Occidental está virtualmente inundada de ello, y la iglesia no es, en manera alguna, una excepción. Hay muchos cristianos profesantes que en sus corazones son tan materialistas como los incrédulos. Tal vez lo demuestran un poco menos, quizá no sea tan visible en su estilo de vida, pero el materialismo los tiene absorbidos. Jesús nos advirtió que si caemos en el pozo del materialismo, no estaremos listos cuando regrese. Estaríamos en la misma categoría de la gente en los tiempos de Noé y de Lot.

El lado positivo: alerta para la supervivencia

He estado presentando los aspectos malignos visibles de los días de Noé y de Lot. Como ya lo hemos visto, había varias formas de maldad desenfrenada. No obstante, sería erróneo de mi parte dar fin a este cuadro de esas dos épocas sin presentar también el lado positivo —porque lo había— por lo menos en dos aspectos.

Hay un lado bueno de los días de Noé, porque Génesis 6:9 dice: «Con Dios caminó Noé». En medio de toda esta gente perversa había un hombre que tenía una relación personal e íntima con Dios. Y el Señor pudo hablar con él y contarle cómo veía la situación, discutir con él acerca del juicio que efectuaría. Noé establece para nosotros, como creyentes, un patrón o modelo a seguir. Él y su familia fueron los únicos sobrevivientes. Para mí es claro que sólo las personas que vivan como lo hizo Noé con su familia sobrevivirán el día de hoy. Hebreos 11 contiene precisamente un versículo que habla de Noé:

«Por la fe Noé, cuando fue advertido por Dios acerca de cosas que aún no se veían, con temor preparó el arca en que su casa se salvase; y por esa fe condenó al mundo, y fue hecho heredero de la justicia que viene por la fe» (v. 7).

Aquí está el elemento que quiero señalar: a Noé no lo dejó Dios ignorante de lo que vendría. Como fiel siervo suyo recibió directamente de Dios una revelación sobrenatural de lo que ocurriría sobre la tierra, y de cómo se debían preparar él y su familia para enfrentar la situación y sobrevivir. Dios le advirtió a Noé antes y le mostró una salida.

Así como los elementos negativos de la historia son aplicables en nuestros días, también lo es este elemento positivo. Nos esperan tremendos peligros, catástrofes y juicios que no podemos medir ni determinar plenamente, pero creo que en medio de todo ello Dios todavía advierte a sus siervos fieles y les muestra una forma de supervivencia. Jesús prometió a sus discípulos esta guía en la persona del Espíritu Santo:

«Pero cuando venga el Espíritu de verdad, él os guiará a toda la verdad; porque no hablará por su propia cuenta, sino que hablará todo lo que oyere, y os hará saber las cosas que habrán de venir» (Juan 16:13).

Es muy importante que veamos este ministerio del Espíritu Santo en relación con el pueblo creyente. Él nos dirá lo que todavía está por venir: no necesariamente *todo* lo que vendrá sino todo lo que necesitamos saber para sobrevivir y para cumplir el propósito de Dios. El Espíritu Santo nos lo revelará de manera sobrenatural, tal como lo hizo con Noé.

En el caso de Lot, Dios envió ángeles para protegerlo y liberarlo. En estos días de crisis y presión podemos esperar que Dios en su fidelidad haga lo mismo por nosotros cuando ello sea necesario. Creo que tenemos el derecho de esperar la presencia y ayuda sobrenatural de los ángeles. El escritor de la carta a los Hebreos dice que espíritus ministradores son enviados para ministrar a los herederos de la salvación, los creyentes de este tiempo (ver Hebreos 1:14).

Aunque hay muchos aspectos malignos y terribles en el cuadro de los días de Noé y Lot —y mucho también que concuerda con los aspectos perversos y terribles de nuestro tiempo—, también debemos mirar el lado positivo. Es necesario notar que jamás existe una situación para la cual Dios no tenga una respuesta preparada de antemano. Él dará a sus siervos aviso sobrenatural de lo que vendrá y nos mostrará la manera de sobrevivir. También envía ángeles para ayudar, proteger y liberar. Podemos esperar estas buenas cosas de Dios en nuestros días.

9

El impacto del regreso de Cristo

Hemos ido avanzando sistemáticamente a través de los acontecimientos que coincidirán con el fin de la era, tal como se explican en Mateo 24. Hemos alcanzado un punto decisivo en el discurso de Jesús mientras construimos la «columna vertebral» de su enseñanza. Ahora podemos mirar el impacto del regreso de Jesús en cuatro categorías diferentes de personas que son representativas de quienes serán testigos presenciales de ese acontecimiento: el siervo bueno y fiel, las diez vírgenes, los siervos que recibieron talentos, y las naciones ovejas y cabritos.

El siervo bueno y fiel

La primera categoría que encontramos en Mateo 24:45-51 habla de quienes el Señor ha puesto sobre su casa para cuidar de las necesidades de su pueblo, específicamente para darles el alimento apropiado en el tiempo correcto:

«¿Quién es, pues, el siervo fiel y prudente, al cual puso su señor sobre su casa para que les dé el alimento a tiempo?

Bienaventurado aquel siervo al cual, cuando su señor venga, le halle haciendo así. De cierto os digo que sobre todos sus bienes le pondrá. Pero si aquel siervo malo dijere en su corazón: Mi señor tarda en venir; y comenzare a golpear a sus consiervos, y aún a comer y a beber con los borrachos, vendrá el señor de aquel siervo en día que éste no espera, y a la hora que no sabe. Y lo castigará duramente, y pondrá su parte con los hipócritas; allí será el lloro y el crujir de dientes».

¿Qué tipo de persona sería este *siervo-mayordomo* el día de hoy? La respuesta la encontramos aquí:

«Ruego a los ancianos que están entre vosotros, yo anciano también con ellos, y testigo de los padecimientos de Cristo, que soy también participante de la gloria que será revelada: Apacentad la grey de Dios que está entre vosotros, cuidando de ella, no por fuerza, sino voluntariamente; no por ganancia deshonesta, sino con ánimo pronto; no como teniendo señorío sobre los que están a vuestro cuidado, sino siendo ejemplos de la grey. Y cuando aparezca el Príncipe de los pastores, vosotros recibiréis la corona incorruptible de gloria» (1 Pedro 5:1-4).

Esta es la descripción de quienes Dios ha puesto en su rebaño como supervisores. Los supervisores —pastores, ancianos, apóstoles (pues Pedro era un apóstol)— son elegidos por Jesús *en* el rebaño y también *sobre* el rebaño. Esto es aplicable a los cinco ministerios mencionados en Efesios 4:11.

Cuando Pedro dice: «Apacentad la grey de Dios que está entre vosotros», no le está hablando a una clase superior de personas que viven en un nivel diferente al del resto del pueblo de Dios. Habla a quienes viven entre el pueblo de Dios pero que tienen una responsabilidad especial sobre éste. Su exhortación es para sus colegas ancianos, porque cuando un apóstol se convertía en residente de la ciudad, adquiría la posición de anciano. Ellos deben ser cuidadosos al manejar sus responsabilidades, porque un día tendrán que rendir cuentas.

Este es el cuadro que pinta Jesús: «¿Quién es, pues, el siervo fiel y prudente, al cual puso su señor sobre su casa para que les dé el alimento a tiempo?» (Mateo 24:45).

El primer requisito para este siervo-mayordomo no es el éxito sino la fidelidad. Fui misionero en dos áreas en tiempos diferentes, y en cada lugar reconocía que los misioneros que me precedieron laboraron fielmente, incluso sacrificaron sus vidas y, no obstante, vieron muy poco fruto de su labor y sacrificio. Tenía que recordarme: *que Dios me guarde de pensar que soy más exitoso que ellos, porque si no hubieran estado aquí antes, el camino no hubiera estado preparado para mí.* Dios no busca que sus hijos sean exitosos según el concepto que el mundo tiene del éxito. Él busca fidelidad. «¿Quién es el siervo fiel?» Éxito quiere decir realizar con fidelidad la tarea que el Señor encomendó.

Vemos que la tarea aquí es darle al pueblo de Dios el alimento en su debido tiempo. Esa es una tarea pastoral, un ejercicio del pastor. Un verdadero pastor conoce con exactitud cuáles son las necesidades particulares de su manada. Éstas quizá sean bien diferentes a las que tiene otro rebaño en el mismo tiempo. Cuando voy a ministrar a una congregación, siempre me gusta preguntar al pastor o al equipo pastoral: «¿Qué piensan que su gente necesita específicamente?» La labor pastoral requiere sensibilidad.

Y luego Jesús nos dice cuál es la recompensa a ese tipo de servicio: «Bienaventurado aquel siervo al cual, cuando su señor venga, le halle haciendo así. De cierto os digo que sobre todos sus bienes le pondrá» (vv. 46-47).

El otro aspecto del cuadro

La fidelidad en esta vida nos lleva a ser promovidos o ascendidos en la vida futura. Este es un pensamiento solemne. La forma en que nos conducimos en este mundo determina lo que seremos en la eternidad. No existe substituto para la fidelidad.

Ahora llegamos al *pero*, o el otro aspecto del cuadro: «Pero si aquel siervo malo dijere en su corazón: Mi señor tarda en venir; y comenzare a golpear a sus consiervos, y aún a comer y a beber con los borrachos» (vv. 48-49).

Si miramos la escena del juicio de Cristo descrito en Romanos 14 y 2 Corintios 5, en el cual juzgará a la iglesia, encontramos sólo dos categorías: bueno o malo. Ninguna intermedia. Sin embargo, hemos inventado en la iglesia una tercera categoría: no bueno, pero tampoco malo. A los ojos de Dios, esa categoría no existe. Si usted no es bueno, ¡es malo!

Hay una gran cantidad de personas en nuestras iglesias de hoy que «están sentados junto a la cerca». No están realmente comprometidos, pero no quieren ser clasificados como no creyentes. Sin embargo, cuando el Espíritu Santo llega a la iglesia, una de las primeras cosas que hace es ¡electrificar la cerca! Por eso es que algunas personas no le dan la bienvenida al Espíritu Santo, porque quieren seguir sentados cómodos junto a la cerca.

¿Cuál es la característica de este siervo malo? Él dice: «Mi señor se tarda en venir». En otras palabras, ha perdido la visión de la inminente realidad del regreso de Jesús. En las iglesias en donde no se proclama la venida del Señor como una realidad, los niveles de santidad jamás serán como los del Nuevo Testamento. El regreso de Jesús es una verdad esencial que produce santidad en el pueblo de Dios.

El siervo malo dice: «Mi señor ha estado ausente por un largo tiempo; no he vuelto a saber nada de él. En realidad, no he estado en estrecho contacto con él. Puedo vivir así». Comienza a ser dominante y a golpear a sus consiervos. Es fácil para las personas que ocupan la posición de pastores convertirse en dominantes y controladores. No obstante, Dios nunca derrama su unción en algo que nosotros los humanos procuramos controlar. Dios dice: *a menos que se me permita tener el control, ustedes pueden continuar con sus procedimientos religiosos y pueden usar todas las palabras y todos los títulos que deseen, pero el resultado no será el mismo que produce la unción del Espíritu Santo.*

El pastor o líder infiel que describe Mateo 24 también llega a ser bebedor. Y no solamente bebe sino que lo hace en mala compañía: los borrachos.

Por favor, le ruego que me entienda. No estoy predicando contra los borrachos, porque alguien puede estar igual de equivocado en el otro lado con su legalismo. He sido pentecostal por suficiente tiempo como para saber lo que es el legalismo. La senda que lleva a la vida es recta y estrecha y hay cunetas en ambos lados. Un lado es la autoindulgencia y la carnalidad. Usted puede caer allí. Luego lucha por salir y, si no tiene cuidado, puede caer al otro lado, que es el legalismo. Debemos caminar en medio de las dos.

Miremos otra vez las palabras de Jesús acerca de este siervo malo:

> «Vendrá el señor de aquel siervo en día que éste no espera, y a la hora que no sabe. Y lo castigará duramente, y pondrá su parte con los hipócritas; allí será el lloro y el crujir de dientes»   (Mateo 24:50-51).

Cuando el señor regresa, el siervo no está listo. El resultado es que su señor llega y lo castiga duramente. Por supuesto, el Señor es Jesús. ¿Podemos imaginarlo infligiendo un duro castigo? Es necesario tener en mente que él es no sólo el Salvador sino también el Juez. Es tan fiel e íntegro al juzgarnos como al salvarnos. Si no vivimos para Él como Salvador, lo tendremos que enfrentar como Juez. Esas son las dos únicas opciones que tenemos.

El lloro y crujir de dientes

Luego dice: «Allí será el lloro y el crujir de dientes». Jesús utiliza esta frase unas cinco veces en el Nuevo Testamento para una cierta categoría de personas: quienes lo saben todo acerca de él han oído toda la verdad y han estado cerca a ésta tal vez durante toda la vida, pero jamás se han comprometido con Dios. Y habrá lloro y crujir de dientes porque de repente se dan cuenta que estuvieron tan cerca toda la vida que pudieron haber entrado en cualquier momento, pero nunca lo hicieron, y ahora la oportunidad está cerrada para siempre.

La primera vez que Jesús utiliza esta frase la encontramos en Mateo 8:12 cuando se refiere a «los hijos del reino». Jesús habla a sus compatriotas judíos lo siguiente: «Ustedes me están rechazando, pero los gentiles vendrán. Ellos entrarán al reino y ustedes quedarán por fuera. Y habrá lloro y crujir de dientes». Esta es gente que lo ha conocido todo, que tuvo todas las oportunidades, pero que nunca las aprovechó.

En Mateo 13:42, esta frase se refiere a quienes son como la maleza en medio del trigo; la maleza luce exactamente como el trigo, pero nunca produce grano. Jesús dice que los ángeles vendrán, los arrancarán «y los echarán en el horno de fuego; allí será el lloro y el crujir de dientes». Durante toda su vida, estas personas han estado cerca y en medio, pero jamás entraron.

En Mateo 22:12-13, en la parábola de la fiesta de bodas, hay un invitado que entra sin el vestido adecuado a la fiesta. En realidad, ni siquiera tenía que comprar su vestido, el anfitrión lo suministraba. De modo que era un acto de audacia y presunción total andar adentro sin el mismo. Cuando el anfitrión lo ve, le dice: «¿Cómo entraste aquí sin estar vestido de boda?» El hombre se queda en silencio. El rey les dice a sus siervos: «Atadle de pies y manos y echadle en las tinieblas de afuera; allí será el lloro y el crujir de dientes». Otra vez vemos que él era un individuo que lo sabía todo al respecto. Había recibido una invitación para la fiesta, pero no se molestó en ponerse el vestido adecuado, que es la justicia de Jesucristo.

En Mateo 25:30 encontramos al siervo que recibió «un talento», y otra vez el incidente termina con el lloro y crujir de dientes (miraremos esta historia en un momento).

Por fin, en Lucas 13:26-28 hay personas que le dicen a Jesús: «Delante de ti hemos comido y bebido, y en nuestras plazas enseñaste», y Jesús les dirá: «Os digo que no sé de dónde sois; apartaos de mí todos vosotros, hacedores de maldad». Afuera será el lloro y el crujir de dientes.

Las diez vírgenes

Ahora llegamos a la siguiente categoría de personas que sienten el impacto de la venida del Señor, y lo encontramos al comienzo de Mateo 25. Tenemos aquí otro *entonces*. En la Biblia, el número diez es representativo de una congregación. En el judaísmo, un *minion* —por lo menos diez personas— debe estar presente para poder elevar oraciones públicas. Mi opinión en cuanto a este pasaje es que representa a los asistentes a la iglesia.

«Entonces el reino de los cielos será semejante a diez vírgenes que tomando sus lámparas, salieron a recibir al esposo. Cinco de ellas eran prudentes, y cinco insensatas. Las insensatas, tomando sus lámparas, no tomaron consigo aceite; mas las prudentes tomaron aceite en sus vasijas, juntamente con sus lámparas. Y tardándose el esposo, cabecearon todas y se durmieron. Y a la media noche se oyó un clamor: ¡Aquí viene el esposo; salid a recibirle! Entonces todas aquellas vírgenes se levantaron, y arreglaron sus lámparas. Y las insensatas dijeron a las prudentes: Dadnos de vuestro aceite; porque nuestras lámparas se apagan. Mas las prudentes respondieron diciendo: Para que no nos falte a nosotras y a vosotras, id más bien a los que venden, y comprad para vosotras mismas. Pero mientras ellas iban a comprar, vino el esposo; y las que estaban preparadas entraron con él a las bodas; y se cerró la puerta. Después vinieron también las otras vírgenes, diciendo: ¡Señor, Señor, ábrenos! Mas él, respondiendo, dijo: De cierto os digo, que no os conozco. Velad, pues, porque no sabéis el día ni la hora en que el Hijo del Hombre ha de venir»

(Mateo 25:1-13).

Tres elementos son comunes en las diez vírgenes:

❋   Todas esperaban al esposo. Todas sabían que el esposo ven-
    dría. Ninguna era incrédula.

❋   Las diez tenían lámparas y aceite. En la Biblia, el aceite es
    casi siempre un símbolo del Espíritu Santo. Todas tenían al
    Espíritu Santo en sus vidas.

❋   Las diez «cabecearon y se durmieron», tanto las insensatas
    como las prudentes.

Sólo había una diferencia entre ellas: *la cantidad de aceite que
tenían.* Las prudentes tenían suficiente para ellas, y algo para prestar. Las insensatas no tenían reserva de aceite. Otra vez es necesario notar que no había una categoría intermedia: o somos prudentes, o somos insensatos.

Miremos lo que Pablo dice y apliquémoslo a la necesidad de
tener una cantidad suficiente de aceite: «No os embriaguéis con
vino, en lo cual hay disolución; antes bien, sed llenos del Espíritu» (Efesios 5:18).

La mayoría de nosotros estará de acuerdo en que el manda-
miento negativo es válido: «No os embriaguéis con vino». La embriaguez es pecado. Sin embargo, ¿por qué tantas personas religio-
sas se enfocan sólo en lo negativo y no prestan atención al manda-
miento positivo? Si es un pecado embriagarse con vino, también
lo es no ser lleno del Espíritu Santo. Y eso significa «ser lleno
continuamente y volver a llenarse». No es ser lleno una sola vez.

Sé que algunos me dirán: «Yo fui bautizado en el Espíritu hace
diez años y hablé en lenguas». ¡Maravilloso!, pero eso fue hace
diez años. ¿Y qué ha pasado después? Las personas que consideran esta experiencia como algo que se tiene una vez para siempre
son las menos sensibles a la dirección del Espíritu Santo. Todo lo
han metido al paquete que recibieron cuando hablaron en lenguas. Por tal razón es que eso no es suficiente.

Pablo dice: «Doy gracias a Dios que hablo en lenguas más que
todos vosotros» (1 Corintios 14:18). Obviamente, ellos hablaban

mucho en lenguas, pero Pablo hablaba más. Tenemos que ser llenos una vez y luego seguir siendo llenos; pero como algunos no tienen esa llenura continua, no están listos.

Es interesante notar que las vírgenes prudentes dicen a las insensatas: «Id ... y comprad». El aceite tiene que ser comprado; no es un regalo. Al inicio, el Espíritu Santo es un regalo, pero si queremos permanecer llenos, hay un precio a pagar. Lo que Jesús dijo a la iglesia de Laodicea es, en muchas maneras, un cuadro de las iglesias de hoy en algunos países:

> «Porque tú dices: Yo soy rico, y me he enriquecido, y de ninguna cosa tengo necesidad; y no sabes que tú eres un desventurado, miserable, pobre, ciego y desnudo. Por tanto, yo te aconsejo que de mí compres oro refinado en fuego, para que seas rico, y vestiduras blancas para vestirte, y que no se descubra la vergüenza de tu desnudez; y unge tus ojos con colirio, para que veas» (Apocalipsis 3:17-18).

¿Aprueba Jesús que la gente sea rica, acaudalada y no carezca de nada? No es un asunto trivial. Me asombro que tantas personas disfruten esa situación y jamás sean conscientes de ello.

No obstante, Jesús nos advierte: *Yo no te daré el oro; tienes que comprármelo*». En el mundo antiguo, el oro carecía de valor a menos que fuera probado con fuego. El oro simboliza aquí la fe que ha pasado la prueba del fuego. Jesús dice: *tendrás que pagar por él con persistencia y mantenerte firme en la prueba*. No todo en la vida cristiana es gratuito; hay cosas por las que tenemos que pagar.

Note también la evaluación que hace Jesús en el libro de Apocalipsis 2 de dos iglesias, y comparémosla con el cristianismo contemporáneo. Una iglesia, la de Esmirna, es pobre y perseguida, y no tiene mucho; pero Jesús le dice: «Tú eres rica» (v. 9). La iglesia de Laodicea lo tiene todo, pero Jesús le dice: «Tú eres pobre». ¿Qué les diría él a tantas iglesias de hoy? Lo siguiente: «¿Eres rica? ¿Eres pobre?» La evaluación humana es muy a menudo contraria a la de Dios. Según Jesús, «lo que los hombres tienen por sublime, delante de Dios es abominación» (Lucas 16:15).

Las vírgenes insensatas que tienen que ir a comprar aceite se dan cuenta que es demasiado tarde. Cuando regresan, la puerta está cerrada, y Jesús les dice: «No las conozco». Entiendo que eso significa que ellas nunca fueron parte de los escogidos de Dios; habían entrado, pero Dios sabía que nunca pasarían la prueba.

¿Cómo es que compramos aceite? Mediante la oración, la lectura bíblica, y esperando en Dios. Y eso toma tiempo y esfuerzo; no ocurre espontáneamente. Tenemos que hacer la decisión. ¿Hemos comprado nosotros nuestro aceite?

Los siervos a quienes dieron talentos

El siguiente grupo que siente el impacto del regreso del Señor es el de los siervos que recibieron talentos. El pasaje es largo pero es muy importante para nosotros:

«Porque el reino de los cielos es como un hombre que yéndose lejos, llamó a sus siervos y les entregó sus bienes. A uno dio cinco talentos, y a otro dos, y a otro uno, a cada uno conforme a su capacidad; y luego se fue lejos. Y el que había recibido cinco talentos fue y negoció con ellos, y ganó otros cinco talentos. Asimismo el que había recibido dos, ganó también otros dos. Pero el que había recibido uno fue y cavó en la tierra, y escondió el dinero de su señor. Después de mucho tiempo vino el señor de aquellos siervos, y arregló cuentas con ellos. Y llegando el que había recibido cinco talentos, trajo otros cinco talentos, diciendo: Señor, cinco talentos me entregaste; aquí tienes, he ganado otros cinco talentos sobre ellos. Y su señor le dijo: Bien, buen siervo y fiel; sobre poco has sido fiel, sobre mucho te pondré; entra en el gozo de tu señor. Llegando también el que había recibido dos talentos, dijo: Señor, dos talentos me entregaste; aquí tienes, he ganado otros dos talentos sobre ellos. Su señor le dijo: Bien, buen siervo y fiel; sobre poco has sido fiel, sobre mucho te pondré; entra en el gozo de tu señor. Pero llegando también el que había recibido un talento, dijo: Señor, te conocía que

eres hombre duro, que siegas donde no sembraste y recoges donde no esparciste; por lo cual tuve miedo, y fui y
escondí tu talento en la tierra; aquí tienes lo que es tuyo.
Respondiendo su señor, le dijo: Siervo malo y negligente,
sabías que siego donde no sembré y recojo donde no es-
parcí. Por tanto, debías haber dado mi dinero a los banqueros, y al venir yo, hubiera recibido lo que es mío con
los intereses. Quitadle, pues, el talento, y dadlo al que tiene diez talentos. Porque al que tiene, le será dado, y tendrá
más; y al que no tiene, aún lo que tiene le será quitado. Y
al siervo inútil echadle en las tinieblas de afuera; allí será
el lloro y el crujir de dientes»   (Mateo 25:14-30).

Los siervos que invirtieron, ganaron un cien por ciento. El
que recibió cinco talentos, ganó cinco; el que recibió dos, ganó
dos; y las palabras de reconocimiento son exactamente las mismas: «Bien, buen siervo y fiel; sobre poco has sido fiel, sobre mucho
te pondré; entra en el gozo de tu señor». El Señor no elogió más al
siervo de los cinco talentos que al de los dos. Eso me dice que lo
que él busca es incremento. Y por cuanto el incremento es igual
en ambos casos (el cien por ciento), les hace exactamente el mismo reconocimiento.

Como notamos antes en relación con sus supervisores, Dios
busca más que éxito, fidelidad. Y cada uno de estos siervos con
talentos es recompensado con autoridad proporcional en el reino
de Cristo. En otras palabras, la forma en que servimos en esta
vida determina nuestra posición en el reino de Dios por toda la
eternidad.

Los efectos del temor

¿Y qué en cuanto al tercer siervo infiel? En primer lugar, actuó
movido por temor, que no es la motivación correcta para servir al
Señor. El amor debe ser nuestra motivación. Jesús nos dice: «El
que me ama, mi palabra guardará» (Juan 14:23). O como Pablo lo
explica: «El amor de Cristo nos constriñe» (2 Corintios 5:14), que
es la única motivación fructífera para el servicio.

La siguiente lección es de igual forma importante para todos los cristianos. La pereza es pecado: «Siervo malo y negligente». Muchos tienen un conjunto de valores religiosos que no siempre es realista. La mayoría de iglesias no tolera la embriaguez, y hacen bastante bien; pero muchas toleran la pereza, y en realidad la condenación que Dios hace de la pereza es más severa que la que hace de la embriaguez. Tenemos personas en nuestras iglesias que en realidad hacen muy poco para Dios. Son demasiado perezosas para leer la Biblia, para levantarse y orar, para salir a las reuniones en la calle. Nada más se sientan en las bancas, son simpáticas con todo el mundo, no le hacen mal a nadie, y dan algo de ofrenda. Nosotros pensamos que estos individuos no son malos, pero Jesús dice que sí. Él dice que la pereza es pecado.

Entonces el señor de la historia dice: «Debías haber dado mi dinero a los banqueros, y al venir yo, hubiera recibido lo que es mío con los intereses». Para mí, esto es prueba convincente de que no siempre es pecaminoso recibir interés. Las leyes contra la usura en el Antiguo Testamento se aplicaban a quien hacía un préstamo a un conciudadano judío. Era malo si la persona que pedía el préstamo estaba en necesidad y se le exigía interés, pero si le prestamos a alguien que desarrolla algún negocio y hará una ganancia, tenemos el derecho a participar de ello. Esa es la manera en que lo entiendo. Jesús ciertamente espera que su siervo abra una cuenta de ahorros, si es que no puede hacer nada más.

¿Qué significa esto para nosotros? Pienso que «depositar el dinero en el banco» significa decirnos: «No tengo un ministerio propio, pero sí poseo un talento que tengo que invertir. Cooperaré con alguien que esté dando fruto en el reino de Dios al darle mi contribución. Invertiré mi talento al ponerme a su disposición y al hacer lo que sea necesario. Así, cuando el Señor venga, recibirá lo suyo con intereses». No debemos sentarnos con ocio y decir: «Tengo sólo un talento, de modo que no hay mucho que pueda hacer».

Desde el punto de vista psicológico, es la persona que tiene un solo talento la que falla. La que tiene cinco talentos se emociona con sus posibilidades. Sabe que puede hacer algo. Quien tiene dos, tiene expectativas; pero quien tiene sólo uno se convence a sí mismo que no hay mucho que pueda lograr. Esa es una actitud demasiado peligrosa.

Se usa o se pierde

Y aquí tenemos la siguiente verdad: no usarlo es perderlo. Dios da de forma incondicional dones espirituales; él jamás los vuelve a pedir, pero si no los utilizamos, los perdemos.

Dios me dio un don a comienzos de la década de 1970; algunos de ustedes conocen la historia. El don es fe para orar por personas que tienen las piernas desiguales, una más corta que la otra. Mediante la oración he visto sanarse quizá miles de piernas desiguales. Entonces algunos de mis buenos amigos me dijeron: «Querido amigo, escúchanos. Tú tienes una buena reputación como un erudito maestro bíblico. No la eches a perder arrodillándote por ahí delante de la gente para orar por sus piernas». Y pensé: *tal vez sea un buen consejo. Oraré al respecto.*

Cuando oré, sentí que el Señor me dijo: *Yo te di un don y hay dos cosas que puedes hacer con ello: puedes utilizarlo y tener más, o puedes escoger no utilizarlo, y perderlo.* Le dije: «Señor, escojo lo primero». Cada uno de nosotros tiene algún tipo de don. Y si no lo usamos, lo perdemos; si lo utilizamos, tendremos más. La elección es nuestra.

Es necesario notar que el rechazo del siervo infiel fue final. Fue echado a las tinieblas exteriores. A donde fue había lloro y crujir de dientes.

La parábola de las minas

En Lucas 19 se relata una parábola paralela, la de las minas. Hay algunas diferencias entre esta parábola y la de los talentos en Mateo 24. En la historia de Lucas, cada uno de los diez siervos recibe una mina, mientras que en Mateo cada siervo recibe según su capacidad. Jesús sabe cuánto puede confiar a cada uno de sus siervos.

Al final de la parábola en Lucas 19, uno ganó diez minas; multiplicó por diez lo que recibió. Su amo le dice: «Está bien, buen

siervo; por cuanto en lo poco has sido fiel, tendrás autoridad sobre diez ciudades» (v. 17). Otro ganó cinco minas, y el noble le
dice: «Tú también sé sobre cinco ciudades» (v. 19); pero no le
afirma: «Está bien, buen siervo». No está al mismo nivel del que
ganó diez. Y como en la parábola de Mateo, hubo uno que no
ganó nada. Él también es llamado un siervo malo y por eso el
noble ordena que le quiten lo recibido. Anteriormente, cuando
el noble está entregando las minas, los ciudadanos dicen: «No
queremos que éste reine sobre nosotros» (v. 14). El hombre no lo
olvida y, al final de la parábola, Jesús dice: «Y también a aquellos
mis enemigos que no querían que yo reinase sobre ellos, traedlos
acá, y decapitadlos delante de mí» (v. 27).

Por tal razón, me pregunto de nuevo: ¿encaja esta escena en el
cuadro que tenemos de un Jesús manso y amable? Esa amabilidad
y mansedumbre es real, pero no es toda la verdad. Jesús es el Juez
señalado por Dios. Quien no gana nada es llamado malo, le qui-
tan su mina y es exiliado para siempre.

La clasificación de las naciones entre ovejas y cabras

La cuarta categoría de quienes sienten el impacto del regreso
de Jesús la encontramos en Mateo 25: las naciones ovejas, y las
naciones cabritos. Aunque este pasaje también es extenso, es igual-
mente importante:

> «Cuando el Hijo del Hombre venga en su gloria, y todos
> los santos ángeles con él, entonces se sentará en su trono
> de gloria, y serán reunidas delante de él todas las nacio-
> nes; y apartará los unos de los otros, como aparta el pastor
> las ovejas de los cabritos. Y pondrá las ovejas a su derecha,
> y los cabritos a su izquierda. Entonces el Rey dirá a los de
> su derecha: Venid, benditos de mi Padre, heredad el reino
> preparado para vosotros desde la fundación del mundo.
> Porque tuve hambre, y me disteis de comer; tuve sed, y me
> disteis de beber; fui forastero, y me recogisteis; estuve des-
> nudo, y me cubristeis; enfermo, y me visitasteis; en la cár-
> cel, y vinisteis a mí. Entonces los justos le responderán,

diciendo: Señor, ¿cuándo te vimos hambriento, y te sustentamos, o sediento, y te dimos de beber? ¿Y cuándo te vimos forastero y te recogimos, o desnudo, y te cubrimos? ¿O cuándo te vimos enfermo, o en la cárcel, y vinimos a ti? Y respondiendo el Rey, les dirá: De cierto os digo que en cuanto lo hicisteis a uno de estos mis hermanos más pequeños, a mí lo hicisteis. Entonces dirá también a los de la izquierda: Apartaos de mí, malditos, al fuego eterno preparado para el diablo y sus ángeles. Porque tuve hambre, y no me disteis de comer; tuve sed, y no me disteis de beber; fui forastero, y no me recogisteis; estuve desnudo, y no me cubristeis; enfermo, y en la cárcel, y no me visitasteis. Entonces también ellos le responderán, diciendo: Señor, ¿cuándo te vimos hambriento, sediento, forastero, desnudo, enfermo, o en la cárcel, y no te servimos? Entonces les responderá, diciendo: De cierto os digo que en cuanto no lo hicisteis a uno de estos más pequeños, tampoco a mí lo hicisteis. E irán éstos al castigo eterno, y los justos a la vida eterna» (vv. 31-46).

Para entender este pasaje, es necesario reconocer que es una continuación de Joel 3, que nos establece el escenario. Aquí el Señor dice: «Porque he aquí que en aquellos días, y en aquel tiempo en que haré volver la cautividad [*los exiliados*] de Judá y de Jerusalén» (v. 1, *énfasis agregado*).

Esta es una profecía acerca de los días que estamos viviendo, cuando el Señor está reuniendo a los judíos dispersos de todo el mundo. En los últimos cincuenta o sesenta años, judíos de más de cien naciones han regresado a la tierra de Israel. En una ocasión en que me encontraba en una clase de idiomas en la Universidad Hebrea, descubrí que había en mi clase personas provenientes de más de treinta diferentes naciones. Y eso está ocurriendo hoy a nuestra vista.

El juicio de las naciones

El versículo siguiente en Joel describe otra reunión que tendrá lugar en la tierra de Israel:

«Reuniré a todas las naciones [goyim, *la palabra hebrea que significa gentiles*], y las haré descender al valle de Josafat [*cuyo significado es «el Señor juzga»*], y allí entraré en juicio con ellas a causa de mi pueblo, y de Israel mi heredad, a quien ellas esparcieron entre las naciones, y repartieron mi tierra» (v. 2, *énfasis agregado*).

Hablando aquí del juicio de las naciones al final de la era presente, Dios dice: «Las juzgaré sobre la base de cómo han tratado a los Judíos y a la tierra de Israel». Eso es importante saberlo. Tal como lo veremos en las enseñanzas de Pablo en un momento, este término *naciones* y *gentiles* es exclusivo del pueblo de Dios. La iglesia enfrenta un juicio diferente. Además, notamos que el Hijo del Hombre no reúne a los judíos, sólo a los gentiles.

I. El primer cargo o acusación

«Repartieron mi tierra». Históricamente, en cumplimiento de las profecías de Moisés en Deuteronomio 28, ha habido dos dispersiones importantes que han sacado a Israel de su propia tierra al exilio. La primera tuvo lugar entre los años 720 y 600 a.C., cuando el Reino del Norte (conocido como Israel) fue llevado en cautiverio por Asiria, y cuando el Reino del Sur (conocido como Judá) fue llevado cautivo por Babilonia.

La segunda dispersión, y mucho más grande, ocurrió en el año 70 d.C., cuando virtualmente toda la nación judía, que residía en la tierra de Israel, fue o asesinada o enviada al exilio por los romanos. La mayoría del pueblo judío permaneció en dispersión hasta que el estado de Israel renació a mediados del siglo veinte. Sin embargo, incluso ahora sólo alrededor de un cuarto de la población judía del mundo reside en Israel.

Cualquiera que conozca la historia judía de los últimos dos mil años tiene que admitir que las profecías de Moisés en cuanto a la dispersión se cumplieron con exactitud, nación tras nación, en todo el mundo. Más aún, tenemos que reconocer que ese cumplimiento no se detuvo en los tiempos bíblicos, o hace unos cuantos siglos, sino que ha continuado hasta el siglo actual. Y las naciones que participaron en esa dispersión son responsables ante Dios y serán juzgadas por Él.

II. El segundo cargo o acusación

«Repartieron mi tierra». En primer lugar y por sobre todo, debemos recordar que es la tierra de Dios. Segundo, pertenece al pueblo judío porque Dios se la dio en posesión eterna mediante un pacto también eterno. No importa quién la esté ocupando, el propietario no ha cambiado. La tierra de Israel pertenece a Dios y a los judíos. Permítame apresurarme a decir que Dios no está restaurando a los judíos porque lo merezcan. Él es bien claro al respecto: «No lo hago por vosotros, oh casa de Israel, sino por causa de mi santo nombre, el cual profanasteis vosotros entre las naciones a donde habéis llegado» (Ezequiel 36:22).

En lenguaje político moderno división es partición. Más o menos en 1920 la Liga de Naciones encomendó a Gran Bretaña un mandato para gobernar la tierra de Israel a ambos lados del río Jordán. El objetivo era proveer un hogar nacional para el pueblo judío. En 1922, Winston Churchill, de un solo plumazo, convirtió el 76% de esa tierra en una nación Árabe que se llamó Trans-Jordania, hoy conocida como Jordania, en la que a ningún judío se le permite vivir. De modo que dividieron la tierra en una proporción de 76% a 24%. En 1947, la Organización de las Naciones Unidas (ONU), sucesora de la Liga de Naciones, estableció un esquema para dividir la tierra de Israel, de modo que de ese 24% restante, Israel recibiera tal vez un 10%, y el 14% iría también a los árabes. ¿De qué son culpables estas naciones? De dividir o repartir la tierra de Dios.

Soy súbdito británico por nacimiento y vivía en la tierra de Israel cuando la partición tuvo lugar y cuando nació el estado de Israel. Fui testigo presencial de estos acontecimientos y diría que, a pesar de las apariencias, la administración británica hizo todo lo que pudo por evitar dicho nacimiento. Sin embargo, ¿qué ocurrió finalmente? Israel nació y el Imperio Británico colapsó. Sin haber perdido siquiera una guerra importante, el imperio se desintegró. ¿Por qué? Porque pecó contra Israel y su tierra. Este hecho nos muestra que Dios toma el asunto muy en serio.

El León de Judá

Jesús comienza esta parábola de las naciones ovejas y cabritos con estas palabras: «Cuando el Hijo del Hombre venga en su gloria, y todos los santos ángeles con él, entonces se sentará en su trono de gloria» (Mateo 25:31). Este es su trono de juicio, su trono de Rey de la tierra. Antes de este acontecimiento, Él ha estado compartiendo el trono de su Padre, pero a partir de ese momento tendrá su propio trono sobre la tierra, el trono de su reino:

«Y serán reunidas delante de él todas las naciones; y las separará unas de otras, como el pastor separa las ovejas de las cabras; y pondrá las ovejas a su derecha, y las cabras a su izquierda» (vv. 32-33 NASB).

Todas las naciones serán divididas en dos grupos. Las ovejas a la derecha, y las cabras o cabritos a la izquierda. Las ovejas serán aceptadas y bendecidas; los cabritos, rechazados y maldecidos. Esta es la promesa, primero a las ovejas: «Entonces el Rey dirá a los de su derecha: Vengan, ustedes que son benditos de mi Padre, hereden el reino preparado para ustedes desde la fundación del mundo» (v. 34 NASB).

Posteriormente, vienen sus palabras para las naciones cabras:

«Entonces dirá también a los de la izquierda: Apártense de mí, malditos, al fuego eterno preparado para el diablo y sus ángeles» (v. 41 NASB).

Son dos destinos por completo diferentes: unas son bendecidas y las otras, maldecidas. Note el principio de juicio o criterio que se aplica para separar a las naciones. Primero, cuáles naciones son aceptadas: «El Rey responderá, y dirá [a estas naciones aceptadas]: En realidad les digo que en la medida que lo hicieron a uno de estos mis hermanos, incluso al más pequeño de ellos, a mí lo hicieron» (v. 40 NASB).

Luego, el principio según el cual las naciones son rechazadas: el Rey les responderá diciendo: «En realidad les digo que en la medida que no lo hicieron a uno de éstos [hermanos de Jesús] más pequeños, ni a mí lo hicieron» (v. 40 NASB).

Solamente hay un criterio o base de juicio para las naciones: su actitud hacia los hermanos de Jesús y la forma en que trataron con ellos. Por el pasaje de Joel 3:2 sabemos que el término *hermanos* se refiere aquí a la heredad de Dios: Israel. Todas las naciones serán juzgadas por la manera en que trataron y se relacionaron con el pueblo Judío. Jesús fue judío no sólo durante treinta y tres años y medio sino que se identifica con el pueblo judío para siempre. En Apocalipsis 5 leemos la visión que Juan tuvo de un rollo que debía ser abierto pero que ninguno era digno de hacerlo. Mientras Juan llora, uno de los ancianos le dice: «No llores; el León de la tribu de Judá ha vencido para abrir el libro y desatar los sellos».

El título de Jesús en la eternidad es «el León de la tribu de Judá». *Judá* es el nombre del cual derivamos el gentilicio *judío*. En hebreo, *judá* es yehuda, y *judío* es *yehudi*. Sólo hay una sílaba de diferencia.

Cuando veamos que el anti-semitismo sature toda la tierra, tengamos cuidado con nuestra propia actitud; porque todos seremos juzgados. Por el cuadro que describe Mateo 25 de judíos sin vestido, alimento o abrigo, en prisión y enfermos, resulta claro que habrá un tremendo movimiento mundial anti-semita. Ya podemos sentir una corriente subterránea del mismo. Dios lo permitirá.

No obstante, note lo siguiente. ¿De qué fueron culpables las naciones cabrito? De no haber mostrado misericordia a los judíos. No es que los hayan perseguido; sencillamente no les mostraron misericordia. Miremos otra vez su juicio: el Rey «dirá también a los de su izquierda: Apartaos de mí, malditos, al fuego eterno preparado para el diablo y sus ángeles» (Mateo 25:41).

Estas son algunas de las palabras más terribles de condenación que Jesús haya hablado. El lago de fuego no fue jamás preparado para los seres humanos. Nosotros, los humanos, no tenemos que ir allí; son el diablo y sus ángeles los que no tienen otra opción. Nosotros iremos allí sólo si hacemos la elección equivocada.

Aquí hay un principio acerca de la bendición y maldición de Dios. El Señor bendice a los judíos de manera directa, y bendice a los gentiles a través de los judíos; pero cuando se trata de juicio, Dios lo hará a los gentiles directamente, y a los judíos a través de los gentiles. Podemos ver este principio a través de todo el Antiguo Testamento, y necesitamos asimilarlo.

Completar la «columna vertebral»

Hemos visto en este capítulo cuatro tipos de grupos que sentirán el impacto del regreso de Cristo: los primeros tres dentro del cuerpo de Cristo, y el cuarto, que incluye a todas las naciones del mundo. Además, con este pasaje llegamos al final del registro de las palabras que Cristo habló a sus discípulos en el monte de los Olivos. Esto nos completa la «columna vertebral» de la profecía bíblica que Jesús nos provee: desde el principio de dolores hasta el cuadro glorioso del Rey sobre su trono terrenal juzgando a las naciones.

Quiero volver ahora sobre otros pasajes bíblicos que tienen conexión con esta estructura. Comenzaremos con la enseñanza de Pablo, que nos ayuda a terminar de pintar el cuadro de los últimos días con un conjunto de imágenes gráficas claras y expresivas.

10

Vendrán
tiempos violentos

Una de las profecías de Pablo comienza de una manera poco usual en la Escritura: «Debes saber esto: que en los postreros días vendrán tiempos peligrosos» (2 Timoteo 3:1). *Sepan esto.* Por lo general, la Biblia dice: «Esto es así»; pero Pablo está tan interesado en que no tengamos una idea equivocada acerca de los últimos días, que dice: «Debes saber esto. No tengas duda de ello. Esto es un hecho totalmente establecido que no puedes cambiar ni por oración, ni por ruego, ni mediante ninguna otra actividad. Ocurrirá, de modo que acéptenlo». Ello nos da una idea de la importancia de esta revelación en ojos del apóstol y, como lo veremos más adelante, el cuadro que pinta no es agradable.

La palabra traducida como «peligrosos» sólo aparece en otro pasaje del Nuevo Testamento: Mateo 8:28. Allí se describen a dos hombres endemoniados de la región llamada Gadara, que encontraron a Jesús después de que cruzó el mar de Galilea, y los describe como «extremadamente violentos». Diría que una traducción mejor para este pasaje de 2 Timoteo sería: «En los últimos días vendrán tiempos *violentos*». Ya los estamos viviendo, y serán cada día más violentos a medida que las cosas empeoren.

En realidad, no serán las «cosas» las que empeoren mucho sino la gente. Las personas empeorarán a medida que cedan a la presión para que se alejen de Dios. Una fuente principal de esa presión es la progresiva degeneración del carácter humano; otra es la presión espiritual satánica del mundo de lo oculto. Echémosle un vistazo a ambas.

Degeneración del carácter

Aquí viene la descripción inicial que Pablo hace después de su advertencia de «sepan esto». A medida que leemos, preguntémonos otra vez cuántos de estos rasgos son visibles en nuestra cultura contemporánea.

«También debes saber esto: que en los postreros días vendrán tiempos peligrosos. Porque habrá hombres amadores de sí mismos, avaros, vanagloriosos, soberbios, blasfemos, desobedientes a los padres, ingratos, impíos, sin afecto natural, implacables, calumniadores, intemperantes, crueles, aborrecedores de lo bueno, traidores, impetuosos, infatuados, amadores de los deleites más que de Dios, que tendrán apariencia de piedad, pero negarán la eficacia de ella; a estos evita»   (2 Timoteo 3:1-5).

Cuando Pablo habla de tiempos violentos, comienza con la causa del problema: «Habrá hombres» así..., y hace una lista de dieciocho imperfecciones, o faltas morales o éticas. En otras palabras, el carácter humano es la causa fundamental de los días de tinieblas que vienen, no la fisión nuclear o cualquier otra cosa. Es la corrupción moral y ética producida en la humanidad por el pecado. La aparición de estas características será más obvia y más descarada a medida que esta era se acerca a su fin.

Una de las características de los hombres en la lista es que serán «sin afecto natural». En otras palabras, incluso el amor normal que esperamos entre los seres humanos se habrá evaporado en muchos casos. El amor de una madre por su bebé, el amor de los padres por sus hijos, el amor de hermanos y hermanas entre sí. No tenemos que ir muy lejos para ver que tal amor se está evaporando con rapidez. Y la causa fundamental es el egoísmo, que es una expresión de autosuficiencia.

Note también que la lista comienza y termina con lo que la gente ama: el amor a sí mismos, el amor al dinero, el amor al placer. Estas tres inclinaciones son la causa de todos los otros atributos negativos enumerados aquí, y están relacionados entre sí. ¿Por qué la gente ama el dinero? Porque el dinero puede comprar el placer, por lo menos por un cierto tiempo; pero no puede comprar la paz o el gozo. El amor al dinero es también una expresión de orgullo. Las riquezas pueden animarnos a ser arrogantes, a exhibirlas y a actuar como si fuéramos mejores que quienes poseen menos. Estos amores están arraigados en el amor al yo. Esa es la base de lo que está desintegrando hoy nuestra sociedad. Lo que usted ama determina lo que es.

El amor al yo se expresa de esta manera: «Si no te gusta la forma en que vivo, ¡yo sigo mi camino y tú, sigue el tuyo!» Esa actitud domina el pensamiento de gran parte del mundo actual. Ha roto —y sigue rompiendo actualmente— gran número de matrimonios. Cuando el matrimonio se rompe, también la familia; y cuando la familia se rompe, se desintegra la sociedad. El gobierno puede gastar miles de millones de dinero para encontrar un remedio para los males de la sociedad, pero sólo hay uno: tener familias estables.

Los hijos fueron creados para tener dos padres amorosos. Si uno de los dos desaparece, deja hijos frustrados e infelices que quizá desahogarán sus frustraciones en la sociedad. La generación que descuida a sus hijos está provocando su propio juicio. Los jóvenes que no han tenido la disciplina, el cuidado y el amor de los padres crecerán para llenar nuestra sociedad de violencia y odio. Es aterrador, pero está ocurriendo y es una tragedia. La causa es el egoísmo. Todos los demás problemas surgen de allí.

Sobre el tema del matrimonio, permítame decir aquí que existe una receta para el éxito y otra para el desastre. La receta para el desastre es la actitud: «¿Qué obtendré yo de todo esto?» Si una persona se casa con esta perspectiva en mente, su matrimonio será un desastre. La receta para el éxito es la actitud contraria: «¿Qué puedo yo aportar?» La persona que se desposa con esta actitud hará de su matrimonio un éxito. He tenido dos matrimonios. El primero duró treinta años hasta que Lydia mi esposa fue a estar con el Señor. Mi segundo matrimonio con Ruth duró veinte años hasta cuando ella también partió para su hogar celestial. Cada matrimonio fue una sociedad feliz y exitosa basada en el dar; de modo que no estoy basando esta fórmula en teorías.

«Una apariencia de piedad»

Pablo hace después en este pasaje una afirmación asombrosa acerca de la gente que exhibe estos rasgos descarados y pecaminosos. Dice que tienen «apariencia de piedad», pero que niega la eficacia de ella (ver 2 Timoteo 3:5). Aunque está describiendo personas que practican pecados abominables, el apóstol afirma que ellas tienen apariencia de piedad. La palabra griega traducida como *piedad* tiene tal significado que dudo que él la hubiera utilizado para referirse a cualquier otra religión diferente al cristianismo. No se presta para describir a otra religión no cristiana. Se sigue entonces que dice que estas personas son cristianos profesantes, pero sus vidas jamás han cambiado. Niegan la eficacia de la piedad y el poder de un encuentro con Jesús para cambiar las vidas humanas de manera radical y permanente. Una persona puede unirse a una iglesia, orar, firmar un registro, y permanecer igual; pero si esa persona llega a conocer a Jesús, un cambio ocurrirá.

Conocí a Jesús en un alojamiento del ejército en 1941, durante la Segunda Guerra Mundial. No tenía ningún conocimiento doctrinal de la salvación. Ni tenía idea de lo que era el evangelio. Sencillamente era anglicano. Hay algunos anglicanos maravillosos, pero no era uno de ellos. Nunca iba a la iglesia por cuenta propia, y no creía en la Biblia. Sin embargo, un día, a la media noche, conocí a Jesús de una manera tal que terminé echado de espaldas en el piso durante una hora mientras gemía primero y luego reía.

Había otro soldado durmiendo en la misma habitación, un buen amigo. Yo reía de manera tan desaforada y en voz tan alta que lo desperté. Se levantó y caminó renuente hacia mí. Se me acercó un par de veces conservando prudente distancia y me dijo finalmente. «No sé que hacer contigo. Supongo que no debo echarte agua encima».

Algo en mi interior me decía: «Aun el agua no podría apagar lo que tengo adentro». Esa experiencia produjo un cambio radical en mi vida, cuyos efectos han durado por más de sesenta años. ¿Y por qué? Porque conocí a Jesús.

Cuando una persona conoce a Jesús, no puede seguir siendo la misma. Alguien puede decidir convertirse en religioso y unirse a una iglesia y aún así permanecer sin un ápice de cambio. Esto es exactamente a lo que Pablo se refiere: es posible tener una apariencia de piedad pero negar su poder, el poder de cambiar a las personas para bien en forma radical y permanente.

Excluidos del reino

Debemos ahora tratar con un asunto muy sensible pero importante en relación con estos días violentos que están llegando. Por lo tanto, quiero incluir pasajes de tres diferentes cartas de Pablo que hacen referencia a él. El primero comienza con las palabras «¿No sabéis?» Encuentro que cuando Pablo utiliza esas palabras, es porque la mayoría de cristianos efectivamente *no sabe*. Cuando él dice: *hermanos, no quiero que ignoréis*, la mayoría de creyentes *ignora*. Así ha ocurrido durante diecinueve siglos, y no parece haber cambiado mucho últimamente.

Note que el apóstol usa una frase clave en las tres cartas: *no heredarán el reino de Dios*. Una cosa es nacer de nuevo y entrar al reino de Dios, pero otra muy diferente heredar el reino de Dios. Un gran número de quienes entraron al reino nunca lo heredarán porque están viviendo la vida que Pablo describe en este pasaje:

«¿No sabéis que los injustos no heredarán el reino de Dios? No erréis; ni los fornicarios, ni los idólatras, ni los adúlteros, ni los afeminados, ni los que se echan con varones, ni los ladrones, ni los avaros, ni los borrachos, ni los maldicientes, ni los estafadores, heredarán el reino de Dios. Y esto erais algunos; mas ya habéis sido lavados, ya habéis sido santificados, ya habéis sido justificados en el nombre del Señor Jesús, y por el Espíritu de Nuestro Dios»

(1 Corintios 6:9-11).

Estas personas pueden haber nacido en el reino de Dios, pero al final no pueden heredarlo. Están excluidas. No podemos heredar el reino de Dios, a menos que nos arrepintamos. Dios no admite a ninguno de esta lista sin este acto.

Dios no hace excepciones con quienes rechazan voluntariamente sus mandamientos. Pablo dice que ellos no heredarán el reino de Dios. No obstante, luego añade —y estas son palabras hermosas— «mas ya habéis sido lavados, ya habéis sido santificados, ya habéis sido justificados en el nombre del Señor Jesús, y por el Espíritu de nuestro Dios» (v. 11). Estoy totalmente a favor de que admitamos en nuestras iglesias y comunidades a prostitutas, homosexuales, asesinos y borrachos —todos ellos—, pero si han sido transformados. De lo contrario, no es bíblico admitirlos. Además, tenemos el derecho a pedir prueba del cambio en sus vidas.

Aquí esta el segundo pasaje. Note que la mayoría de actos en esta lista son expresiones de relaciones rotas:

«Y manifiestas son las obras de la carne, que son: adulterio, fornicación, inmundicia, lascivia, idolatría, hechicerías, enemistades, pleitos, celos, iras, contiendas, disensiones, herejías, envidias, homicidios, borracheras, orgías, y cosas semejantes a estas; acerca de las cuales os amonesto, como ya os lo he dicho antes, que los que practican tales cosas no heredarán el reino de Dios»

(Gálatas 5:19-21).

Está de moda ahora llamar a la fornicación «sexo pre-marital». Sin embargo, eso no cambia en lo más mínimo la naturaleza del acto. Dios todavía lo llama fornicación. Una de las tretas sutiles del diablo es poner etiquetas nuevas a las cosas viejas. Así que matar a un bebé en el vientre de la madre es malo, pero «abortar un feto» es supuestamente diferente. En otras palabras, algunas personas creen que cambiar la palabra *bebé* por *feto* cambia la naturaleza del acto. No es así.

En el tercer pasaje, Pablo otra vez dice que las personas mencionadas en esta lista no heredarán el reino de Dios:

> «Pero fornicación y toda inmundicia, o avaricia, ni aún se nombre entre vosotros, como conviene a santos; ni palabras deshonestas, ni necedades, ni truhanerías, que no convienen, sino antes bien, acciones de gracias. Porque sabéis esto, que ningún fornicario, o inmundo, o avaro, que es idólatra, tiene herencia en el reino de Cristo y de Dios» (Efesios 5:3-5).

Estas tres veces, Pablo dice que tales personas no pueden heredar el reino de Dios. Él les dice a los Gálatas: «Yo se los dije antes, pero lo voy a decir otra vez». Y creo, hermanos y hermanas, que es tiempo de que lo digamos a la gente otra vez. Las normas y los estándares están cambiando en nuestros días, pero las normas y estándares de Dios no han cambiado. Dios sigue siendo el mismo. Cambiar la etiqueta no cambia la naturaleza de los actos.

El surgimiento de lo oculto

Junto con la degeneración humana que hace más descarada la exhibición del pecado, otra causa principal de que los tiempos sean más violentos es la operación del poder de lo oculto. Y eso es exactamente lo que estamos viviendo en el día de hoy. Lo oculto ha salido a descubierto, a la plena luz del día. No es difícil ver que los poderes del ocultismo están aumentando: su audacia, su arrogancia, sus pretensiones de superioridad, su utilización de mane-

ra activa y agresiva en un grado que era impensable aún hace veinte años: todo ello es el cumplimiento de la profecía.

Los creyentes serán atrapados por la presión sobrenatural
satánica: «El Espíritu dice claramente que, en los últimos tiempos, algunos abandonarán la fe para seguir a inspiraciones engañosas y doctrinas diabólicas» (1 Timoteo 4:1 NVI). Al hablar de
abandono de la fe, se refiere a los cristianos. Bajo intensa presión
satánica, algunos cristianos serán engañados por demonios y abandonarán su fe.

En 2 Timoteo 3, Pablo da una explicación adicional: «Del mismo modo que Janes y Jambres se opusieron a Moisés, también esa
gente se opone a la verdad. Son personas de mente depravada,
reprobadas en la fe» (v. 8 NVI). Janes y Jambres fueron dos magos
egipcios que resistieron y se opusieron a Moisés y a Aarón. El
conflicto no fue librado en el ámbito natural; no fue un conflicto
físico ni teológico. Esa batalla fue librada en el plano sobrenatural. Al hablar de Janes y Jambres en relación con los últimos días,
Pablo nos advierte hoy acerca del ocultismo, lo sobrenatural satánico, las «señales y prodigios mentirosos» (2 Tesalonicenses 2:9).

Este conflicto espiritual es una situación similar a la que ocurrió cuando Moisés y Aarón comparecieron ante faraón y le dijeron: deja ir a mi pueblo (ver Éxodo 7:1-12). Y faraón respondió:
«¿Qué señal pueden mostrar para probar que este mensaje es de
Dios?»

Moisés le dijo a Aarón que arrojara al suelo su vara, y ante sus
ojos ésta se convirtió en serpiente. Podríamos suponer que eso
era prueba suficiente, pero no fue así. Entonces faraón dijo: «Un
momento, veré qué pueden hacer mis magos». Los hizo llamar y
la Biblia cuenta que ellos también arrojaron sus varas, las cuales
también se convirtieron en serpientes. Esta señal era sobrenatural pero satánica.

Gracias a Dios, que ahí no terminó la historia. ¿Qué ocurrió
después? Pues bien, que la serpiente de Aarón devoró las serpientes de los magos egipcios. Visualice este cuadro: los magos se fue-

ron con las manos vacías, pues ya no tenían sus varas; pero la vara de Aarón era ahora más gruesa y fuerte que antes.

No nos equivoquemos. La batalla en estos últimos días será para nosotros exactamente lo mismo. No será sólo asunto de doctrina o teología sino de quién tiene el poder de Dios. Esta predicción fue hecha hace casi dos mil años, y no ha cambiado.

Note que Pablo utiliza el término *corruptos* al mencionar a quienes llegan a ser como Janes y Jambres. Hay dos principios incontrovertibles en cuanto a la corrupción. Toda corrupción es *progresiva*: la situación siempre empeora, nunca mejora. Y toda corrupción es *irreversible*: no hay manera de revertir el proceso. Es más, creo que estos dos principios se aplican bastante bien a la situación mundial. La corrupción del mundo es progresiva; nunca mejorará, pues cada día está empeorando. Y es irreversible; no hay manera de echar atrás el proceso de corrupción. El apóstol dice: «Mas los malos hombres y los engañadores irán de mal en peor, engañando y siendo engañados» (2 Timoteo 3:13). La palabra griega traducida como «malos hombres y engañadores» significa *encantadores* o *impostores*. Así vemos el progreso de la corrupción. Todos los que sean atrapados por el diablo empeorarán cada día y engañarán y serán engañados. Nadie tiene más éxito en engañar que quien ha sido engañado. Si tal persona cree realmente en el engaño, eso hace que hable con convicción.

Ahora bien, ese hecho podría causarnos desánimo. Esa es una forma de reaccionar. No obstante, otra sería dar gracias a Dios porque ello prueba que la Biblia es verdad. También podemos agradecer a Dios porque la locura de quienes son engañados será manifiesta a todos, así como lo fue el desatino de Janes y Jambres. A veces la gente quiere una excusa para no creer en la Biblia. Dicen: «No quiero ser cristiano porque hay demasiados hipócritas en la iglesia».

Cuando escucho tal cosa, replico: «Eso puede ser cierto, pero el Nuevo Testamento nos dice que habrá hipócritas en la iglesia. De modo que su presencia no prueba la falsedad de la Biblia sino lo contrario, su veracidad. Esa es precisamente una razón más para ser cristianos».

Podemos decir lo mismo acerca de estas profecías. Podríamos pensar que sus mensajes son oscuros y negativos, pero prueban que la Biblia es verdad. Y si podemos creer lo negativo de ésta, también podemos creer en lo positivo que promete. Sin embargo, el asunto es que no podemos ser selectivos al respecto. Toda palabra de Dios es pura; no podemos desechar ninguna de sus palabras.

La forma de gobierno de Dios

Es innegable que nosotros los cristianos tenemos la obligación de ser activos en contra de la corrupción de la naturaleza humana originada por el pecado, pero también debemos creer la palabra profética de Dios revelada. De ahí que con todo el debido respeto a la mayoría de políticos y a sus típicas promesas de un futuro más brillante, afirmamos que ellos no tienen la solución. No podemos esperar que lleven un remedio para los problemas de la humanidad —pobreza, enfermedad, odio, guerra—, todos los cuales son enormes y crecientes. Estas terribles condiciones están arruinando las vidas de millones de personas. Aun así debemos orar por nuestros gobiernos y líderes dentro de los parámetros de la voluntad de Dios revelada (para tener mayor información sobre este asunto, consulte otros de mis libros: *Moldeando la historia a través del ayuno y la oración*.

Creo que Dios permitirá que la maldad humana llegue a su máxima expresión. Si todavía estamos vivos, veremos la maldad humana real, innata, manifestada con una fealdad y temeridad difícilmente imaginable. Dios les permitirá a los hombres y mujeres que pretenden que están en capacidad de escoger sus propios líderes que hagan sus propias elecciones. La Biblia revela que al final se levantará un político que pretenderá tener todas las soluciones, el anticristo. Sin embargo, su respuesta será peor que todos los problemas que le han antecedido.

Francamente prefiero vivir en una democracia que bajo una tiranía; pero debemos darnos cuenta de esto: la democracia no es el modelo de gobierno de Dios. *Democracia* es una palabra griega, tal como *humanismo*, y éste último ha corrompido nuestra forma de pensar. Fui estudiante de filosofía griega antes de convertirme en predicador, de modo que puedo aportar algún trasfondo al respecto. El filósofo griego Platón nos dio un cuadro claro de las diferentes formas de gobierno posibles, y una panorámica de éstas que es difícil de mejorar. Empezando con la mejor y finalizando con la peor, he aquí las diferentes formas de gobierno según Platón:

Monarquía: el gobierno de una persona buena es la mejor.

Aristocracia: el gobierno de unas pocas buenas personas.

Democracia: es el sistema mediante el cual la gente se gobierna a sí misma (en su famoso discurso en Gettysburg, Abraham Lincoln afirmó que «el gobierno del pueblo, por el pueblo, y para el pueblo no desaparecerá de la faz de la tierra», pero estaba equivocado; porque esa forma de gobierno perecerá).

Oligarquía: es el gobierno de unos pocos individuos malos.

Tiranía: es la peor forma de gobierno; es el dominio de un solo individuo perverso, un tirano.

La democracia es una de las formas más débiles de gobierno. Pero no es el modelo de Dios. La forma de gobierno del Señor es la monarquía, el gobierno de un solo Hombre Bueno, cuyo nombre es Jesús. Por eso es que creo que la democracia no es la solución final. Ésta no tiene el poder de resolver los problemas de la raza humana. Los hombres y mujeres son prácticamente incapaces de escoger al líder correcto.

Al final de la historia habrá una monarquía. Un Hombre, Jesús, será el Rey; será el líder de un gobierno justo, y compartirá su autoridad con sus santos, todos aquellos a los que ha entrenado mediante el sufrimiento, la aflicción y la disciplina, para gobernar con él. A ese conjunto de personas se le llama iglesia. Recuerde que la palabra *iglesia* es una pobre traducción de la palabra griega *eklesia*, que es esencialmente una asamblea gobernante. Si somos miembros de la iglesia, somos miembros de una asamblea gobernante que será liderada por un Hombre justo llamado Jesús. No existe otra solución válida para las crecientes tinieblas del mundo, aparte de que Cristo establezca el reino de Dios en la tierra.

Un pueblo nuevo

Sabemos que la corrupción es progresiva e irreversible. Sabemos también que el intento de redimir a la sociedad sin cambiar a la gente está condenado al fracaso. ¿Cuál es entonces el plan de Dios para su pueblo?

Dios no remendará al «viejo hombre»; en cambio, producirá una nueva creación. «Por lo tanto, si alguno está en Cristo, es una nueva creación. ¡Lo viejo ha pasado, ha llegado ya lo nuevo! Todo esto proviene de Dios» (2 Corintios 5:17-18 NVI). No podemos estar en Cristo y seguir siendo los mismos. Algo totalmente nuevo ha pasado en nosotros, algo que solo Dios puede hacer. El ser humano puede reformar y mejorar, pero solo Dios puede crear. Eso es algo que Dios tiene que hacer por nosotros y en nosotros; por sí mismos no podemos hacerlo.

He escuchado a algunas personas que hablan de redimir las artes escénicas, pero quienquiera que piense que tal cosa es posible está engañado. Dios no redime la vieja naturaleza corrupta. Ésta se encuentra destinada para el juicio final. El remedio de Dios es mucho más radical: una nueva creación.

Quienes hemos tenido la experiencia de la nueva creación comprendemos lo que significa. Me tomó meses descubrir lo que Dios hizo esa noche en el alojamiento del ejército. En realidad no podía creerlo, pero ocurrió: era una nueva criatura. No era perfecto, pero sí diferente. Y eso es lo que importa. Un cambio radical había ocurrido en mí. «Si alguno está en Cristo, nueva criatura es».

Dios tiene un remedio lógico para la vieja naturaleza corrupta y caída. Él no la repara ni la mejora. No envía al «viejo hombre» (o mujer) a la iglesia o a la escuela dominical para enseñarle la Regla de Oro. Dicho de una manera sencilla, la solución es una ejecución. La misericordia aquí está en el hecho de que la ejecución tuvo lugar cuando Jesús murió en la cruz. Nuestro «viejo hombre fue crucificado en él». Si lo sabemos, creámoslo y actuemos en concordancia con ello; porque hacerlo produce resultados. Ese es el remedio perfecto de Dios, un remedio amoroso y misericordioso que no tranza con el pecado o con el diablo. Dios nunca lo hará.

A partir de la nueva creación, Dios formará un pueblo nuevo. Esta es una gloriosa proclamación que hago a menudo:

> «Porque la gracia de Dios se ha manifestado para salvación a todos los hombres, enseñándonos que, renunciando a la impiedad y a los deseos mundanos, vivamos en este siglo sobria, justa y piadosamente, aguardando la esperanza bienaventurada y la manifestación gloriosa de nuestro gran Dios y Salvador Jesucristo, quien se dio a sí mismo por nosotros para redimirnos de toda iniquidad y purificar para sí un pueblo propio, celoso de buenas obras»   (Tito 2:11-14).

Como lo hemos notado, Dios tomará a su pueblo especial en la historia. Por eso es que tolera toda la maldad, la tragedia y el sufrimiento. Está esperando que todos los que Él ha escogido para sí lleguen a Cristo.

Fui criado como británico y toda mi familia propendía por la edificación del imperio en la India. Aunque eran personas buenas eran blancos, y la gente de India no lo era. Eso establecía una diferencia. Recuerdo cuando sentado al comedor a la edad de doce años preguntaba por qué no podíamos invitar a un indio a almorzar con nosotros, y me respondía un silencio de muerte. Porque era el consentido de todos no me hacían callar, pero a esa edad me di cuenta de que mi familia no pensaba como yo. Y esa es la forma en que he pensado siempre. Me sentía motivado a ir a donde otros no habían estado. Nuestro ministerio tiene la particularidad de ir a lugares notables. Le digo con franqueza que me gusta ver una congregación con una mezcla de gente de diferentes colores, idiomas y costumbres. Ahí es donde me siento más feliz.

Quizá no todos sentimos de la misma manera, pero es necesario que le permitamos a Dios ensanchar nuestros corazones. Podemos empezar a orar por alguna nación. Después de que hayamos estado orando por un cierto tiempo, empezaremos a sentir una carga por ver que algo pase con esa nación. Porque la verdad es que esta era no terminará hasta que Dios haya llevado gente de toda nación, tribu y lengua a su reino.

Dios tiene sus escogidos, y ellos provienen de toda tribu, nación, pueblo y lengua. No podemos descansar hasta que todos sean alcanzados. Ese es el remedio: una nueva creación que producirá un nuevo tipo de personas aptas para compartir el trono con Jesús. Recuerde que ese es nuestro más alto llamado. Además, Dios nos hará pasar por lo que sea necesario en estos últimos días violentos, por toda clase de problemas, sufrimientos o presiones potenciales, a fin de hacernos aptos para gobernar con nuestro Rey. Dios tiene una solución: la venida de Jesús.

11

Escoger entre
la luz y las tinieblas

Hemos examinado el cuadro que pinta la Biblia de este mundo nuestro al acercarnos al fin de la era actual. Ahora quiero pintar el telón de fondo del escenario, en el cual se desarrollará el drama final de la era. En este telón de fondo habrá dos colores contrastantes: de un lado oscuro y sombrío y, del otro, brillante y luminoso.

El escenario del tiempo final

Para tener una impresión general de este telón de fondo del final de la época, tenemos que ir a Isaías 60. Este capítulo predice la restauración que Dios efectuará en el tiempo del fin, en un lenguaje claro y hermoso, pero también muestra el trasfondo en que ésta ocurrirá. Esto es lo que el profeta Isaías le dice al pueblo de Dios:

«Levántate, resplandece; porque ha venido tu luz, y la gloria de Jehová ha nacido sobre ti. Porque he aquí que tinieblas cubrirán la tierra, y oscuridad las naciones; más sobre ti amanecerá Jehová, y sobre ti será vista su gloria. Y andarán las naciones a tu luz, y los reyes al resplandor de tu nacimiento. Alza tus ojos alrededor y mira, todos estos se han juntado, vinieron a ti; tus hijos vendrán de lejos, y tus hijas serán llevadas en brazos. Entonces verás, y resplandecerás; se maravillará y ensanchará tu corazón, porque se haya vuelto a ti la multitud del mar, y las riquezas de las naciones hayan venido a ti»   (Isaías 60:1-5).

Este hermoso pasaje tiene cuatro características principales. La primera es que tanto las tinieblas como la luz se están intensificando al mismo tiempo. «Tinieblas cubrirán la tierra, y oscuridad las naciones». Vemos que eso está ocurriendo; una mayor oscuridad espiritual está cubriendo los pueblos de la tierra. Sin embargo, en medio de las tinieblas, «sobre ti [el pueblo de Dios] amanecerá Jehová, y sobre ti será vista su gloria». El mensaje al pueblo de Dios es: responde a lo que Dios está haciendo. «¡Levántate! ¡Resplandece! Porque ha venido tu luz, y la gloria de Jehová ha nacido sobre ti».

La segunda característica es la reunificación y restauración del pueblo de Dios. «Alza tus ojos alrededor y mira, todos estos se han juntado, vinieron a ti; tus hijos vendrán de lejos, y tus hijas serán llevadas en brazos». Como lo hemos notado, estamos observando este cumplimiento literal en Israel, y se está cumpliendo espiritualmente en la iglesia: la gloria del Señor está retornando, y los hijos de Dios se están reuniendo.

La tercera característica es que los gentiles, o las naciones, acuden al pueblo de Dios en búsqueda de respuestas. Esto siempre es bendición para mí. Siempre he estado convencido de que nosotros, que somos el pueblo de Dios, debemos ser parte de las soluciones y no de los problemas. No obstante, a menudo ocurre lo contrario: somos parte del problema más que de la solución. El versículo 3 dice: «Naciones andarán a tu luz, y reyes al resplandor de tu nacimiento». Creo que esto ocurrirá: las naciones y quienes las gobiernan estarán en gran necesidad de respuestas a sus problemas y presiones urgentes. Así como faraón, el gobernante de Egipto, acudió a José, el siervo de Dios, para una respuesta a su necesidad, así en estos últimos días las naciones y sus gobernantes acudirán al pueblo de Dios. Y a medida que seamos iluminados por la gloria de Dios y dotados con su sabiduría, tendremos que responder a sus necesidades y problemas.

La cuarta característica es que los recursos de las naciones se ponen a disposición del pueblo de Dios. «Entonces verás y resplandecerás; se maravillará y ensanchará tu corazón, porque se haya vuelto a ti la multitud del mar, y las riquezas de las naciones hayan venido a ti». Necesitamos esa abundancia y riqueza para realizar las tareas que Dios nos ha encomendado. Cuando llegue ese momento —cuando ejercitemos la fe y veamos lo que somos y cuáles son los propósitos de Dios—, se liberará una tremenda abundancia de recursos para el pueblo de Dios.

Regresando a la escena de fondo, quiero señalar otra característica paralela del final de esta era. Para esto miraremos el último libro de la Biblia. Estos versículos muestran la separación de los justos y los injustos, cosa que provoca una situación en la que tranzar y ser neutral en lo relativo a la justicia ya no será posible. Estas palabras son de Jesús a Juan el revelador:

> «También me dijo: «No guardes en secreto las palabras del mensaje profético de este libro, porque el tiempo de su cumplimiento está cerca. Deja que el malo siga haciendo el mal y que el vil siga envileciéndose; deja que el justo siga practicando la justicia, y que el santo siga santificándose. ¡Miren que vengo pronto! Traigo conmigo mi recompensa, y le pagaré a cada uno según lo que haya hecho»»
> (Apocalipsis 22:10-12 NVI).

El versículo central está como la carne de un sánduche: entre dos advertencias sobre la cercanía del regreso del Señor. En el versículo 10, Jesús dice: «El tiempo ... está cerca»; y en el 12: «¡Vengo pronto!» Sin embargo, entre estos dos está un reto del Señor a los justos y malvados. Me maravilla que el Señor dijera: «Deja que el vil siga envileciéndose». La versión *La Biblia Viviente* nos ayuda a entenderlo con mayor claridad: «Y cuando ese tiempo llegue, todos los que estén haciendo mal lo harán más y más; el vil será más vil todavía; los hombres buenos serán mejores, y quienes son santos continuarán en mayor santidad» (v. 11 LBV).

Aquí está el cuadro. Las presiones se están haciendo tan fuertes que seremos atrapados en una de dos corrientes: la justicia, o la maldad. A medida que estas dos corrientes crecen y se fortalecen, será imposible escapar de la corriente en que estemos. Si estamos en la corriente de la justicia, seremos llevados casi irresistiblemente por su fuerza; pero si estamos en la de la maldad y rebelión, su fuerza nos llevará también. Cada una se intensificará. Los justos serán más justos y los malvados, más malvados. Dos cosechas están madurando al mismo tiempo: la de de justicia y la de de maldad. Y Jesús nos dice que la recolección de ambas será al final de la era (ver Mateo 13:37-39).

Tanto lo bueno como lo malo van en aumento. La brecha entre lo uno y lo otro se está ampliando y, finalmente, se hará infranqueable. Cada uno de nosotros debe hacer una firme decisión de compromiso total con Dios y su justicia.

Nuestra respuesta

Quiero sugerir tres maneras apropiadas de responder a las crisis y presiones que enfrentamos en el mundo, a las situaciones que nos envuelven y nos atacan. Es urgente y necesario que el pueblo de Dios sepa responder de manera correcta. ¿Qué nos revela la Palabra de Dios?

Optimismo

Creo que como cristianos estamos obligados a ser optimistas en cualquier situación. En Lucas 21, Jesús dibuja un cuadro con los acontecimientos y las tendencias que conducen al final de esta era. Menciona mucho de lo que hemos estado mirando y luego, al final del discurso, dice: «Cuando estas cosas comiencen a suceder, erguíos y levantad vuestra cabeza, porque vuestra redención está cerca» (v. 28).

Jesús no dice «teman» o «busquen un escondite». Tampoco afirma que se busque una forma de escape o cómo sobrevivir. Su actitud es: «Levanten la vista. Las cosas mejorarán. Su redención se acerca». Es muy importante que nosotros, que somos el pueblo de Dios, le demos al mundo una imagen de confiada seguridad. Eso lo impresionará y hará que desee saber qué es lo que tenemos que éste no tiene. Además, nos capacita para enfrentar estas presiones y crisis con calma y confianza.

Estamos obligados a ser optimistas. Cuando miramos la situación del mundo y la comparamos con lo que dice la profecía bíblica, tenemos que recordar que nuestra actitud debe ser: «El vaso está medio lleno»; en otras palabras, mucho de lo que Dios ha predicho en la Biblia ha ocurrido ya, y eso nos da una firme seguridad de que lo que falta también acontecerá. El vaso estará lleno, no vacío.

Todos estos eventos y tendencias confirman la confiabilidad de la Biblia. Si no fueran una realidad, tendríamos que admitir que la Biblia es un libro no confiable; pero por cuanto están ocurriendo —a pesar de tantos demonios y fuerzas contrarias— por encima de todo, confirman que la Biblia es veraz, confiable y actual, que tiene un mensaje pertinente para el día de hoy vitalmente importante.

Compromiso

Nuestra segunda respuesta se puede resumir en la palabra *compromiso*. Dedicación a Dios total y sin reservas. Un versículo particular en los Salmos expresa esta idea cuando el salmista está hablándole al Señor acerca de los eventos del final de los tiempos: «Tus tropas estarán dispuestas el día de la batalla, ordenadas en santa majestad. De las entrañas de la aurora recibirás el rocío de tu juventud» (Salmo 110:3 NVI).

La Biblia es realista: el día final de la era será un día de batalla, no de paz. Y Dios tiene tropas; el pueblo de Dios es su ejército, como se ha revelado en muchos pasajes de la Escritura, particularmente en Efesios 6. Cuando el salmista le dice al Señor: «Tus tropas estarán dispuestas el día de la batalla», esa traducción no expresa toda la fuerza del original hebreo, que en realidad dice: «Tus tropas serán ofrendas voluntarias». Tenemos una imagen aquí del pueblo de Dios ofreciéndose a sí mismo por voluntad propia y sin ninguna reserva, y poniéndose a total disposición del Señor, sin nada de reservas.

Con frecuencia oímos decir que Dios quiere nuestro tiempo, talentos y dinero. Eso no es necesariamente cierto. Si le damos todo eso a Dios y pensamos que le estamos haciendo un favor, nos engañamos. Lo que Dios dice de verdad es: «¡Te quiero a ti! Y si te tengo, poseo todo lo que tienes». En estos últimos días, Dios no se tranzará por menos que por un compromiso total. Es necesario preguntarnos: *¿me he dado totalmente a Dios sin ninguna reserva? ¿Me he puesto a su disposición?* Eso es compromiso. Esa es una reacción apropiada.

Hay una versión alternativa para la segunda parte del versículo 3 que creo es correcta. En vez de «ordenadas en santa majestad. De las entrañas de la aurora recibirás el rocío de tu juventud», esta versión, que he estudiado con cuidado en el original hebreo es: «Ordenadas en santa majestad. De las entrañas de la aurora, tus jóvenes vendrán a ti como el rocío». Tengo la firme convicción que al final de esta era habrá un gran ejército de jóvenes entregados por completo a Jesucristo, llenos del Espíritu Santo, desprendidos de los cuidados, ambiciones, orgullo y codicia de este mundo, separados para Dios y ordenados en santa majestad. Como salidos de las entrañas de la aurora, romperán las tinieblas de épocas pasadas y vendrán a Jesús como el rocío. Una de las vistas más hermosas en la naturaleza es la que presenta el rocío sobre la hierba temprano en la mañana, cuando los primeros rayos del sol caen sobre esas gotitas de humedad, y cada una de éstas refleja su brillo. Es el cuadro que presentan los jóvenes que Jesús está llamando a su lado y a su servicio para esta batalla del día final de la era.

Quiero animar a los jóvenes que leen estas líneas: recuerden que en el ejército de Dios hay un lugar en la línea de vanguardia tanto para hombres como para mujeres. Los animo a hacer ese compromiso con Dios, a alistarse en su ejército, seguros que estarán en el lado ganador.

Todos los que están del lado del diablo están apoyando a un perdedor. Si fuera tú, jovencito o jovencita, cambiaría de bando lo más rápido posible y me alistaría en el ejército del Rey de reyes, el Señor Jesucristo, que ganará todas las batallas presentes y futuras.

En línea con los propósitos de Dios

La tercera respuesta apropiada a la situación en el mundo, estrechamente relacionada con el optimismo y el compromiso, es alinearnos con los propósitos de Dios, tal como Él los está desarrollando sobre la tierra. Si lo hacemos de esa forma, estaremos seguros contra naufragios como los mismos propósitos divinos. «Y el mundo pasa, y sus deseos; pero el que hace la voluntad de Dios permanece para siempre» (1 Juan 2:17).

¡Qué cierto es eso! El mundo es temporal; todas las cosas pasan y dejan de ser. Nada hay permanente, estable o seguro. No obstante, quien entra en línea con los propósitos de Dios, quien se dedica a hacer la voluntad de Dios, vive para siempre. Nada lo puede derribar o vencer. Dios dice: «Yo anuncio el fin desde el principio; desde los tiempos antiguos, lo que está por venir. Yo digo: Mi propósito se cumplirá, y haré todo lo que deseo» (Isaías 46:10 NVI). Cuando nos alineamos con los propósitos de Dios, lo hacemos con algo que es irresistible.

En Hebreos 12 se describen dos clases de reinos: el conmovible, y el inconmovible:

> «Tengan cuidado de no rechazar al que habla, pues si no escaparon aquellos que rechazaron al que los amonestaba en la tierra, mucho menos escaparemos nosotros si le volvemos las espaldas al que nos amonesta desde el cielo. En aquella ocasión, su voz conmovió la tierra, pero ahora ha prometido: «Una vez más haré que se estremezca no sólo

la tierra sino también el cielo.» La frase «una vez más» indica la transformación de las cosas movibles, es decir, las creadas, para que permanezca lo inconmovible. Así que nosotros, que estamos recibiendo un reino inconmovible, seamos agradecidos. Inspirados por esta gratitud, adoremos a Dios como a él le agrada, con temor reverente, porque nuestro Dios es fuego consumidor» (vv. 25-29 NVI).

Los reinos de este mundo son conmovibles; están siendo conmovidos y seguirán así más y más. No habrá estabilidad, ninguna seguridad final en ningún reino o sistema de este mundo. El reino inconmovible es el reino de nuestro Señor Jesucristo. No puede ser conmovido, y porque ello es así, debemos ser agradecidos y «adorar a Dios como a Él le agrada, con temor reverente, porque nuestro Dios es fuego consumidor».

Sería tonto entregarnos a un reino que al final será derrocado, cuando tenemos la opción de ser parte del reino que triunfará sobre todas las fuerzas opositoras. Sugeriría a todos los que lean estas líneas que acepten mi consejo y se alisten en el reino inconmovible de nuestro Señor Jesucristo.

12

Israel y la iglesia,
dos pueblos de pacto

La Escritura nos dice con claridad que Dios tiene sobre la tierra dos pueblos con quienes está comprometido por un pacto que Él mismo hizo. Esos dos pueblos son Israel y la iglesia de Jesucristo. Básicamente Israel está formado por los descendientes naturales de Abraham, Isaac y Jacob (el nombre de este último fue cambiado por Israel). La iglesia está formada por los individuos regenerados de manera sobrenatural por la obra del Espíritu Santo, lo cual es un milagro creativo de Dios. Israel es un pueblo natural; la iglesia es un pueblo formado por personas regeneradas de forma espiritual. Cada uno de estos pueblos está relacionado con Dios por un pacto que, según Él mismo lo declara, nunca quebrantará.

El siguiente es un ejemplo de lo que Dios dice respecto a su pacto con Israel: «Así dice el Señor: Si en lo alto se pudieran medir los cielos, y abajo los fundamentos de la tierra pudieran ser explorados, entonces yo también desecharía a toda la descendencia de Israel por todo lo que han hecho» (Jeremías 31:37 NASB).

Dios dice que mientras los cielos no se puedan medir, ni los cimientos de la tierra explorar, Él no desechará a la nación de Israel ni invalidará su pacto hacia ella (en realidad parece ser que mientras más procuramos medir los cielos, más inmensurables se tornan). Lo que Dios está diciendo es que Israel es su pueblo eternamente y que jamás lo desechará.

Ahora miremos lo que Jesús dice respecto a la iglesia: «Y yo también te digo, que tú eres Pedro, y sobre esta roca edificaré mi iglesia; y las puertas del Hades no prevalecerán contra ella» (Mateo 16:18).

Las puertas del Hades representan todas las fuerzas espirituales invisibles de maldad: el diablo y todo su reino. En efecto, Jesús dice: «Voy a edificar mi iglesia de tal manera que ninguna fuerza diabólica pueda derribarla o vencerla». Esa es una garantía inmutable de continuación y victoria de la iglesia de Jesucristo.

Miremos ahora en detalle estos pactos. Comenzando con el propósito de Dios relativo a la restauración de Israel, luego seguiremos con una exploración de su plan para la iglesia. Cuando comprendamos estas cosas a la luz de las Escritura, tendremos una mejor percepción del inconmovible reino de Dios.

El plan de Dios para Israel

Ezequiel 20, uno de los muchos pasajes bíblicos que le puedo suministrar, describe el llamamiento inmutable a Israel para que sea un pueblo separado: «Y no ha de ser lo que habéis pensado. Porque vosotros decís: Seamos como las naciones, como las demás familias de la tierra, que sirven al palo y a la piedra» (v. 32).

Eso exactamente es lo que se está diciendo en este momento. Recientes gobiernos o administraciones en Israel han tratado de borrar o eliminar la distinción entre los judíos y las demás naciones, pero nunca dará resultado. Dios dice que jamás será así, por lo que nunca se podrá hacer. Desde comienzos de la historia cuando Dios creó las naciones y les dio la tierra para que la habitaran, su plan para todas ha girado alrededor de Israel, su pueblo escogido.

«Cuando el Altísimo dio su herencia a las naciones, cuando dividió a toda la humanidad, les puso límites a los pueblos según el número de los hijos de Israel» (Números 32:8-9 NVI).

Hay en la mayoría de nosotros ciertos elementos de prejuicio y orgullo nacional que nos hacen rechazar el hecho que Dios hizo su plan para todas las naciones, pero especialmente como centro a Israel. Eso es con exactitud lo que dice la Escritura: a Israel se le asignó su herencia y luego las demás naciones recibieron la suya, pero en relación con la de Israel. Debemos recordar que la herencia, el bienestar y la bendición de todas las naciones vienen en última instancia de Israel, y giran a su alrededor. Cuando Israel está fuera de orden, todas las demás naciones en cierta medida lo están también.

Permítame darle un ejemplo sencillo. Suponga que empiezo a abotonarme la camisa y que, por error, meto el primer botón en el ojal equivocado. ¿Qué ocurre entonces? Que todos los demás botones terminarán en el ojal equivocado. Y cuando llego al último botón, me doy cuenta de que algo está mal.

Así son las cosas en relación con Israel. Ellos son el primer botón que se debe meter en el primer ojal. Si ese primer botón se ubica mal, de manera inevitable todas las demás naciones estarán fuera de orden. No pueden estar por completo en su lugar correcto porque todo comienza con Israel. Por lo tanto, todas las demás naciones necesitan entender que la restauración de Israel implica su propio bien. El bienestar de todas las naciones depende, en últimas, del destino de Israel.

Restauración después de la devastación

En muchos pasajes de la Escritura, Dios devela con detalles precisos la forma en que restaurará a Israel. Le suministraré unas cuantas citas para mostrarle lo exactas que son estas predicciones, y la manera en que se están cumpliendo ante nuestros ojos hoy:

«Por tanto, así dice el Señor, Dios de Israel, acerca de esta ciudad que, según ustedes, caerá en manos del rey de Babilonia por la espada, el hambre y la pestilencia: Voy a reunirlos de todos los países a donde en mi ira, furor y terrible enojo los dispersé, y los haré volver a este lugar para que vivan seguros. Ellos serán mi pueblo, y yo seré su Dios. Haré que haya coherencia entre su pensamiento y su conducta, a fin de que siempre me teman, para su propio bien y el de sus hijos. Haré con ellos un pacto eterno: Nunca dejaré de estar con ellos para mostrarles mi favor; pondré mi temor en sus corazones, y así no se apartarán de mí. Me regocijaré en favorecerlos, y con todo mi corazón y con toda mi alma los plantaré firmemente en esta tierra. Así dice el Señor: Tal como traje esta gran calamidad sobre este pueblo, yo mismo voy a traer sobre ellos todo el bien que les he prometido»   (Jeremías 32:36-42 NVI).

Aquí tenemos un paralelo claro y específico. Así como Dios derramó sus juicios sobre Israel —dispersión, agonía, exilio y todo lo que ha sufrido por casi dos mil años (y la historia nos da muchos detalles)—, así de real será la restauración que Dios hará de su prosperidad. No es posible darle un sentido espiritual a ninguno de estos acontecimientos. Si los juicios ocurrieron históricamente y tuvieron cabal cumplimiento, la prosperidad será también real en la historia, y se cumplirá con similar exactitud. Dios dice en esencia: «Los cambiaré. Les daré un corazón que se deleite en hacer mi voluntad y en obedecer mis leyes. Los bendeciré y nunca dejaré de hacerles bien».

Tenemos que entender que la restauración de Israel es, en un comienzo, básicamente política, pero, al final, será muy espiritual. Lo vemos en Jeremías 33 cuando Dios dice: «Cambiaré la suerte de Judá y de Israel, y los reconstruiré como al principio. Los purificaré de todas las iniquidades que cometieron contra mí; les perdonaré todos los pecados con que se rebelaron contra mí» (vv. 7-8 NVI).

Note el orden. Dios dice que, primero, los hará volver a su tierra; segundo, los reedificará; y tercero, los limpiará y perdonará. La restauración espiritual es el clímax; es el objetivo máximo, pero no es el primero en el plan. En la actualidad vemos el cumplimiento de esa primera parte de la promesa. Las partes segunda y tercera de seguro seguirán.

Ezequiel 36 nos da otro cuadro profético de la restauración de Israel:

«Por eso, adviértele al pueblo de Israel que así dice el Señor omnipotente: «Voy a actuar, pero no por ustedes sino por causa de mi santo nombre, que ustedes han profanado entre las naciones por donde han ido» (v. 22 NVI).

Es importante ver que Israel no merece la bendición y la misericordia de Dios, tampoco la iglesia, permítame enfatizarlo. Tanto Israel como la iglesia dependen por completo de la gracia libre y soberana de Dios. No es lo que merecemos, ni es otorgamiento de justicia; es gracia lo que vemos en ambos casos. Dios dice: «No lo hago por ustedes; lo hago por causa de mi nombre, que ustedes han profanado. Quiero restaurar en ustedes la honra de mi nombre». Y sigue diciendo:

«Daré a conocer la grandeza de mi santo nombre, el cual ha sido profanado entre las naciones, el mismo que ustedes han profanado entre ellas. Cuando dé a conocer mi santidad entre ustedes, las naciones sabrán que yo soy el Señor. Lo afirma el Señor omnipotente. Los sacaré de entre las naciones, los reuniré de entre todos los pueblos, y los haré regresar a su propia tierra. Los rociaré con agua pura, y quedarán purificados. Los limpiaré de todas sus impurezas e idolatrías. Les daré un nuevo corazón, y les infundiré un espíritu nuevo; les quitaré ese corazón de piedra que ahora tienen, y les pondré un corazón de carne» (vv. 23-26).

Tengo una relación estrecha y hermosa con muchos judíos, y puedo observar que Dios está quitando el corazón de piedra y dando un corazón de carne capaz de responder a su Palabra y a su Espíritu. Me aventuro a predecir que veremos la dramática renovación espiritual de Israel, el pueblo de Dios, en un futuro cercano. Dios dice:

> «Infundiré mi Espíritu en ustedes y haré que sigan mis preceptos y obedezcan mis leyes. Vivirán en la tierra que les di a sus antepasados, y ustedes serán mi pueblo, y yo seré su Dios» (vv. 27-28 NVI).

Cada cristiano que lee o escucha estas palabras debe regocijarse. Éstas son testimonio de la fidelidad del Dios de pactos hacia su pueblo y de la absoluta exactitud de la Biblia. Son un mensaje actualizado cuyo contenido se está cumpliendo ante nuestros ojos.

Para lograr la atención del mundo

El hecho de que Dios esté reuniendo otra vez a Israel es una señal de que las profecías dadas muchos siglos atrás están cumpliéndose. Mire estas palabras del profeta Isaías:

> «En aquel día el Señor volverá a extender su mano para recuperar al remanente de su pueblo, a los que hayan quedado en Asiria, en Egipto, Patros y Cus; en Elam, Sinar y Jamat, y en las regiones más remotas» (Isaías 11:11 NVI).

¿Cuáles son esas naciones? Asiria es esencialmente Irak; bajo y alto Egipto, lo sabemos; Cus es posiblemente Etiopía; Elam es Persia o Irán; Babilonia es un área que hace parte de Irak e Irán; Jamat es Siria; y las islas del mar serían todos las demás tierras y continentes. Estas son todas tierras de donde los judíos están regresando. El profeta continúa diciendo: «Izará [el Señor] una bandera para las naciones, reunirá a los desterrados de Israel, y de los cuatro puntos cardinales juntará al pueblo esparcido de Judá» (v. 12, énfasis agregado NVI).

Como ya se mencionó antes, *Judá* es la palabra que da origen al nombre judío. Al paso que Dios reúne a Israel de nuevo en su propia tierra, también levanta una bandera para las naciones y declara que el tiempo ha llegado. Todas las profecías que se refieren al final de esta era parten de una premisa: la presencia de Israel como nación soberana en su propia tierra. Ninguna de estas profecías podía cumplirse antes de que Israel fuera restaurado. No obstante, ahora el escenario está listo.

A continuación, unas cuantas profecías más de este tipo. Si hay algo claro en la Biblia para mí, es este proceso de reunificación.

«Por eso —afirma el Señor—, vienen días en que ya no se dirá: «Por la vida del Señor, que hizo salir a los israelitas de la tierra de Egipto», sino: «Por la vida del Señor que hizo salir a los Israelitas de la tierra del norte, y de todos los países a donde los había expulsado.» Yo los haré volver a su tierra, la que antes di a sus antepasados»
(Jeremías 16:14-15 NVI).

«Así dice el Señor: «Canten jubilosos en honor de Jacob; griten de alegría por la mejor de las naciones. Hagan oír sus alabanzas y clamen: '¡Salva, Señor, a tu pueblo; salva al remanente de Israel!' Yo los traeré del país del norte; los reuniré de los confines de la tierra. ¡Volverá una gran multitud! Entre ellos vendrán ciegos y cojos, embarazadas y parturientas»»
(Jeremías 31:7-8 NVI).

El Señor ordena a sus mensajeros que hagan una proclamación a todas las naciones en relación con la reunificación o retorno de Israel:

«Oíd palabra de Jehová, oh naciones, y hacedlo saber en las costas que están lejos, y decid: El que esparció a Israel lo reunirá y lo guardará, como el pastor a su rebaño. Porque el Señor redimió a Jacob, lo redimió de mano del más fuerte que él»
(vv. 10-11).

No es algo para mantenerlo en silencio o secreto; es un hecho que Dios utiliza para atraer la atención de toda la tierra.

¿No es un hecho asombroso que esta diminuta nación de seis millones de personas casi nunca está ausente de los titulares de los servicios noticiosos del mundo? Naciones mucho más grandes hacen noticia de año en año, y con dificultad oímos de las mismas. Sin embargo, lo que ocurre en Israel es noticia hoy en todos los medios de información. La razón es que Dios está atrayendo la atención del mundo entero hacia lo que está haciendo por Israel. El mensaje de Dios a la tierra entera, a todas las naciones, es que el mismo Dios que los dispersó ahora los está recogiendo. Justamente como la dispersión es un hecho real de la historia humana, el regreso a su tierra está ocurriendo en el mismo escenario de la historia, ante la vista de todas las naciones.

Advertencias y una promesa

Para entender mejor la centralidad de Israel en los eventos de la historia, miremos hacia atrás a la promesa original de Dios a Abraham cuando lo llamó para que saliera de Ur de los Caldeos y se dirigiera a otra tierra que luego recibiría como herencia. Su descripción se encuentra en Génesis; es hermosa y consta de siete secciones diferentes:

«Haré de ti una nación grande, y te bendeciré; haré famoso tu nombre, y serás una bendición. Bendeciré a los que te bendigan, y maldeciré a los te maldigan; ¡por medio de ti serán bendecidas todas las familias de la tierra!» (Génesis 12:2-3 NVI).

Las facetas quinta y sexta de la promesa son particularmente importantes y relevantes en nuestro tema: «Bendeciré a los que te bendigan, y maldeciré a los te maldigan». Notamos en el capítulo 9 que el destino de todas las naciones será determinado por su actitud hacia Abraham y sus descendientes. El pueblo judío es la piedra de toque por la cual todas las demás naciones serán juzgadas, como lo hemos visto ya en secciones anteriores, aunque es bueno repetirlo.

Recordemos también que Jesús es judío, y los judíos, aún en medio de su desobediencia y su rechazo por parte de Dios, son todavía hermanos de Jesús. De modo que el punto divisorio entre las ovejas que son aceptadas y las cabras que son rechazadas será la forma en que han tratado a los judíos. Los que bendicen a los judíos serán bendecidos y los que los maldicen, maldecidos.

La Escritura nos hace varias advertencias al respecto. Quiero mencionar dos que van dirigidas a las naciones sobre la manera en que se relacionan con los propósitos de Dios para Israel –el pueblo, la tierra, y la ciudad de Jerusalén– y luego transmitir una promesa de bendición. «Que retrocedan avergonzados todos los que odian a Sión» (Salmo 129:5 NVI). Cualquier nación que se oponga al propósito de Dios de restauración para Sión debe avergonzarse y retroceder. Es lo que dice la eterna Palabra de Dios. No depende de la cantidad de petróleo que posea, o de sus armamentos, o de cualquier otro factor que los políticos parecen tener en cuenta. La declaración eterna de Dios de propósito y juicio divinos es esta: «Que retrocedan avergonzados todos los que odian a Sión».

En la promesa que Dios hace de restauración de Sión y de su pueblo, en Isaías 60, hay esta advertencia: «Porque la nación o el reino que no te sirviere perecerá, y del todo será asolado» (v. 12). Las naciones determinan su destino por la forma en que responden a la restauración del pueblo de Dios.

En cuanto a la promesa, es una hermosa y conocida bendición para quienes se ponen en línea con los propósitos de Dios para Jerusalén e Israel: «Pedid por la paz de Jerusalén; sean prosperados los que te aman» (Salmo 122:6).

No podemos sencillamente adoptar una actitud neutral y decir: «Veamos qué pasa». Tenemos que identificarnos de forma activa con lo que Dios dice en su Palabra y con lo que está haciendo en la historia. La primera cosa elemental que podemos hacer es identificarnos con lo que Dios está realizando mediante nuestras oraciones. Podemos orar por la paz de Jerusalén y por su restauración, a fin de que llegue a ser todo lo que Él ha declarado respecto a ella en las Escrituras. Y esta es la promesa para quienes se preocupan y oran por ella: «Prosperarán los que te aman».

La palabra hebrea traducida como «prosperar» no se refiere a prosperidad financiera. Tiene el significado de comodidad, de descanso, de tener paz. Existe una paz y un descanso interior que disfrutan quienes en medio de los conflictos de este mundo participan de manera activa en los propósitos de Dios de restauración para su pueblo.

El plan de Dios para la iglesia

En las últimas décadas ha habido un dramático incremento de la actividad del Espíritu Santo en y a través de la iglesia. Y eso también está profetizado en la Escritura. Echemos una mirada a las palabras del apóstol Pedro el día de Pentecostés, cuando el Espíritu Santo cayó por primera vez sobre los discípulos que lo esperaban en Jerusalén. Como resultado de esa manifestación dramática y sobrenatural, se reunió una multitud de no creyentes que reaccionaron de maneras muy diferentes. Algunos se mofaron y dijeron que los apóstoles y los otros creyentes estaban borrachos, a lo que Pedro replicó:

> «Éstos no están borrachos, como suponen ustedes. ¡Apenas son las nueve de la mañana! En realidad lo que pasa es lo que anunció el profeta Joel: «Sucederá que en los últimos días —dice Dios—, derramaré mi Espíritu sobre todo el género humano. Los hijos y las hijas de ustedes profetizarán, tendrán visiones los jóvenes y sueños los ancianos. En esos días derramaré mi Espíritu aún sobre mis siervos y mis siervas, y profetizarán»   (Hechos 2:15-18 NVI).

Note la frase *en los últimos días*. Dios dice: *cuando esta era esté llegando a su fin, derramaré mi Espíritu sobre toda la gente.* La palabra utilizada significa literalmente «toda carne», toda la raza humana. Habrá manifestaciones dramáticas y sobrenaturales en el pueblo de Dios. «Sus hijos e hijas profetizarán, sus ancianos tendrán sueños y sus jóvenes verán visiones. Aún sobre mis siervos, hombres y mujeres, voy a derramar mi Espíritu en esos días, y profetizarán».

Para entender con exactitud esas palabras, necesitamos acudir a la fuente original, el profeta Joel, que fue citado por el apóstol Pedro. Los dos versículos siguientes de Joel 2, cuando se toman en conjunto, proveen una visión más completa del alcance de esta profecía:

> «Regocíjense ustedes, hijos de Sión (que es el pueblo de Dios), y alégrense en el Señor su Dios; porque les ha dado la lluvia temprana para su vindicación. Y él ha derramado sobre ustedes la lluvia, la temprana y la tardía como antes... Y acontecerá después de estas cosas, dice Dios, que derramaré mi Espíritu sobre toda la humanidad (toda carne), y sus hijos e hijas profetizarán, sus ancianos tendrán sueños y sus jóvenes verán visiones»   (v. 23-28 NASB).

Dios dice: «Derramaré mi Espíritu». Y justamente antes de eso hace la promesa de derramar sobre la tierra la lluvia debida. En otras palabras, el derramamiento de la lluvia en el orden natural es un tipo que ilustra el derramamiento del Espíritu Santo en el orden espiritual. Habiendo visto esto, necesitamos ahora considerar con más detalle lo que Dios afirma acerca del derramamiento de la lluvia en el versículo 23. Su promesa es derramarla en dos entregas, por decirlo así, la lluvia temprana y la lluvia postrera.

La lluvia: natural y espiritual

Este es un cuadro muy palpable para mí, pues que he vivido unos cuantos años en Israel. Si entendemos cómo es el clima de esa tierra, esta profecía adquiere un significado mucho mayor.

En Israel existen básicamente sólo dos estaciones climáticas: verano e invierno. Es difícil llamar a una época otoño o primavera. Durante la estación de verano, el clima es muy seco. El verano va de abril a noviembre. Esto es algo aproximado; podría haber un margen de fluctuación de más o menos un mes. Aunque parezca asombroso, durante ese tiempo no cae ni una gota de agua.

Pasé un verano allí en el que literalmente no hubo nada de lluvia, hasta que una noche de octubre me despertó de repente un ruido no familiar. Miré por la ventana y me di cuenta que era la lluvia. No había escuchado llover durante tanto tiempo que con dificultad recordaba su sonido.

Al final de la estación seca del verano viene lo que la Biblia llama la «lluvia temprana». Una precipitación mayor, que cae en todo el país, marca el comienzo del invierno. Después, durante los demás meses de invierno, la lluvia sigue cayendo, pero de una manera bastante impredecible, un poco aquí, otro poco allá, sin que cubra la nación al mismo tiempo, hasta el final del invierno. El final de este último periodo lo marca lo que se llama la «lluvia tardía». Es la lluvia más copiosa de todas, y también es general y cubre toda la nación.

Vemos, pues, que la lluvia no cae en todo Israel en los meses de invierno. La lluvia temprana cae al comienzo del invierno con precipitaciones aisladas durante toda la temporada. La precipitación pluvial mayor, o lluvia tardía, ocurre al final del invierno.

Todo esto es un cuadro de lo que Dios hace por la iglesia a través del Espíritu Santo. Hemos visto que el derramamiento de lluvia es, en cierta forma, una prefiguración de la manera en que Dios visita a la iglesia con el derramamiento del Espíritu Santo. Los escritos del profeta Joel le dan un énfasis particular.

Los hechos de la iglesia durante diecinueve siglos de historia son una muestra de ello. La lluvia temprana, el primer derramamiento que cayó sobre la iglesia naciente en Jerusalén en el Pentecostés, duró quizá algo así con un siglo. Para la iglesia, en ese tiempo esa visitación fue universal, afectó todas las áreas en donde estaba localizada. Esta visitación sobrenatural del Espíritu Santo fue una parte normal de la experiencia cristiana.

Después de esto, utilizando los términos de la analogía, vinieron los meses de invierno en la historia de la iglesia. El Espíritu Santo jamás se retiró; siempre estuvo activo en algún lugar y en algún grupo, pero no hubo grandes derramamientos que afectaran a la iglesia en su totalidad.

Nos movemos entonces hacia el final de la estación del invierno, cuando viene la lluvia postrera o tardía: el derramamiento mayor del Espíritu Santo, universal y final. Creo con firmeza que más o menos en 1900, a comienzos del siglo pasado, la lluvia tardía del Espíritu Santo comenzó a caer sobre la iglesia, y sigue cayendo hoy todavía. He tenido el privilegio de viajar por todos los continentes del mundo, con excepción de uno. Mi experiencia en muchas y diferentes naciones, entre cristianos de infinidad de trasfondos denominacionales y doctrinales, es que esta lluvia postrera está cayendo sobre toda iglesia. Es una visitación, una restauración de poder sobrenatural y de cumplimiento de la profecía bíblica. Necesitamos entender que estamos viviendo en el tiempo de la lluvia tardía. Darnos cuenta de ello nos ayudará a comprender lo que viene y lo que debemos esperar.

El derramamiento del Espíritu

Permítame ilustrar brevemente lo anterior con un ejemplo de mi experiencia al entrenar maestros africanos en Kenia durante cinco años. Mi objetivo básico era llevarles el evangelio de Jesucristo, la verdad de la Biblia. Desde muy temprano descubrí que tenían dificultad en aceptar la Biblia como un libro. De modo que les hice un reto. Les dije: «No trataré de convencerlos. Sólo hay una manera en que ustedes sabrán con seguridad si este libro es de verdad de Dios. Si ustedes experimentan el poder sobrenatural de Dios en sus propias vidas, sabrán que no vino de Gran Bretaña ni de los Estados Unidos sino de Dios».

Continué orando por ellos y más o menos seis meses después hubo una visitación sobrenatural del Espíritu Santo en aquella escuela sobre cerca de ciento veinte estudiantes, exactamente como se describe en el libro de Hechos. Un día reuní a los estudiantes y les dije: «Ahora sus ojos han visto y sus oídos han escuchado todo lo que está escrito en las profecías de la Biblia acerca de la lluvia tardía. Los estoy notificando: ahora saben con seguridad que esto no vino de los Estados Unidos ni de Inglaterra sino de Dios». Y agregué: «Este es el testimonio de Dios para ustedes, jóvenes en el este de África, que se acerca el verano. Es el fin del invierno. Luego vendrá el verano, y la principal característica del programa de Dios para el verano es la cosecha: la última gran cosecha de almas en el reino de Dios».

Es nada más un pequeño ejemplo de la manera en que esta señal específica del Espíritu Santo se está cumpliendo hoy en la iglesia de Jesucristo.

El propósito de Dios: restauración

En relación con Israel y la iglesia, Dios está obrando con un solo propósito. Aunque está operando de diferentes maneras que son apropiadas dada la naturaleza de cada pueblo, el propósito es el mismo: restauración. Esto se puede ver en Hechos 3, donde Pedro dice al pueblo judío:

> «Así que, arrepentíos y convertíos, para que sean borrados vuestros pecados; para que vengan de la presencia del Señor tiempos de refrigerio, y él envíe a Jesucristo, que os fue antes anunciado; a quien de cierto es necesario que el cielo reciba hasta los tiempos de la restauración de todas las cosas, de que habló Dios por boca de sus santos profetas que han sido desde tiempo antiguo» (vv. 19-21).

Este pasaje revela cuatro fases sucesivas relacionadas todas con el fin de esta era. La primera es *arrepentimiento*. Dios llama a su pueblo al arrepentimiento para que pueda estar en línea con sus propósitos. Mientras seamos obstinados, rebeldes y no sometidos, no podemos estar alineados con los propósitos divinos. Dios dice: «Cuando ustedes, mi pueblo, se arrepientan, vendrán tiempos de refrigerio».

Y esa es la segunda palabra, *refrigerio*.

Luego Dios dice que estos tiempos de refrigerio nos llevarán al período de *restauración* de todas las cosas. De modo que todo será

puesto otra vez en su lugar y situación correcta, particularmente
el pueblo de Dios. Este período de restauración de todas las cosas
es tan importante que Dios habló del mismo a través de cada uno
de sus santos profetas de los tiempos antiguos; y es el tema de
toda la profecía.

En relación con este período de restauración, la Escritura indica que debemos esperar el *regreso de Jesucristo* desde los cielos. Estas son las cuatro palabras que debemos grabar en la memoria
como si fueran anclas.

Arrepentimiento

Refrigerio

Restauración

Regreso de Jesucristo

La culminación de este tercer período es una restauración de
personas, no de cosas, y ellas son el pueblo de Dios, los pueblos
con quienes Dios está ligado por su pacto inquebrantable: Israel y
la iglesia de Jesucristo. Esta promesa es la clave para entender el
desarrollo de sus planes. Aunque vemos tantas cosas que son con-
fusas, tanto que puede producirnos desaliento y desánimo, si podemos mirar bajo la superficie, veremos la corriente subterránea
del propósito de Dios, fuerte e irresistible y que fluye hacia su
consumación.

Me encanta de forma particular un pasaje de la Escritura que
habla de esta restauración, el cual ha llegado a ser muy real para
mí en los últimos años. Dios habla a su pueblo y le dice: «Y os
restituiré los años que comió la oruga, el saltón, el revoltón y la
langosta» (Joel 2:25). ¡Ah, qué bendición! ¿Podemos entenderla
de veras? Dios dice: «¡No solamente arrojaré todos los insectos
que se han comido su herencia sino que les reponderé todo lo que
éstos se comieron!»

Permítame ilustrarlo con un evento de mi propio ministerio
algún tiempo atrás. Me trajeron una mujer que estaba parcialmente paralizada de su brazo y su pierna izquierdos para que ora-
ra por ella. La comisura izquierda de sus labios estaba torcida por

causa de la parálisis, de modo que entre todas las cosas que tenía que soportar estaba el hecho que no podía sonreír.

Oré con ella y luego, durante diez minutos, presenciamos un milagro de Dios. Al final de ese período había recuperado el uso de su brazo y pierna, su cara recobró la normalidad y pudo darme una radiante sonrisa. Mientras nos maravillábamos de lo que Dios había hecho, el amigo que la trajo le dijo: «Eres diez años más joven que hace diez minutos». Y pensé: *¡Eso es restauración! Diez años recuperados en diez minutos.*

¿Podemos captar la extensión y plenitud de la promesa de Dios en Joel? Dios habla a su pueblo en estos días diciendo: «Te restauraré lo que se comieron los insectos. No sólo los echaré; no sólo te traeré a mí; te daré todo lo que deberías tener: toda la plenitud de mi bendición y provisión».

Es la promesa de Dios restaurar a su pueblo. Es para Israel. Es para la iglesia. En medio de toda la confusión y la perplejidad, lo que importa realmente es que sabemos que somos parte del pueblo de Dios. Que sus propósitos de misericordia, su sabiduría, su omnipotencia son ejercidas todas a favor de nosotros para hacernos el tipo de personas que debemos ser, que Dios quiere que seamos. Todo ello para que su nombre sea glorificado y las naciones de la tierra se maravillen de lo que Dios ha hecho en nosotros, su pueblo.

13

Objetivos de la iglesia de los últimos tiempos

En Proverbios 29 se nos advierte que donde no hay visión «el pueblo se extravía» (v. 18 NVI) o «perece», como dicen otras versiones. En una sola palabra, el pueblo de Dios requiere de una visión permanente para cumplir con su llamamiento. Esto es muy cierto en lo relacionado con el cuerpo de Cristo. La iglesia está tan por encima de los conceptos y planes naturales humanos que debe depender en lo absoluto de la visión que el Espíritu Santo da en la Escritura en cuanto a lo que ella debe ser y el destino que Dios le señaló. Sólo entonces puede cumplir con su propósito y sus objetivos de unidad y alcance.

La visión y la provisión de Dios

Un lugar en donde esta visión se presenta de forma gloriosa y clara es en Efesios 5. El pasaje comienza con una admonición a los esposos para que amen a sus esposas, lo cual es apropiado y necesario. No obstante, Pablo utiliza la figura de la relación entre un hombre y su esposa como un primer paso hacia un nivel superior del amor: el amor entre Cristo y su iglesia:

«Maridos, amad a vuestras mujeres, así como Cristo amó a la iglesia, y se entregó a sí mismo por ella, para santificarla, habiéndola purificado en el lavamiento del agua por la palabra, a fin de presentársela a sí mismo una iglesia gloriosa, que no tuviese mancha ni arruga ni cosa semejante, sino que fuese santa y sin mancha» (vv. 25-27).

Comenzamos con la doble provisión de Cristo para su iglesia, la provisión que él hizo mediante su sangre, y la que hace mediante su Palabra. Dicho de una manera simple: Cristo redimió a la iglesia con su sangre para después Él mismo santificarla mediante su Palabra. Cada provisión es absolutamente esencial para que el propósito divino tenga cumplimiento.

Primero, Cristo se dio a Sí mismo por la iglesia y se convirtió en ofrenda expiatoria. En la cruz, mediante su sangre derramada, redimió a su pueblo para hacerlo una nueva creación, una nueva clase de personas sobre la tierra nunca antes vista ni concebida.

Sin embargo, su plan se extendió aún más. Su provisión final para la iglesia es su limpieza, su santificación y su lavamiento con el agua pura de la Palabra de Dios. Ésta es tan esencial para hacer de la iglesia lo que Cristo desea que ella sea como la sangre con la cual la redimió. Si la iglesia ha de ser alguna vez lo que Dios pretende que sea, debe ser limpiada y santificada de manera continúa por el agua preciosa de la Palabra de Dios. Tiene que haber una limpieza de cada área de nuestra vida: de los pensamientos, los motivos, la imaginación, las actitudes y las relaciones. Todas estas áreas deben lavarse a cada instante si hemos de llegar a ser el tipo de cristianos y, por ende, el tipo de iglesia que Dios planeó que fuéramos.

Sobre este fundamento podemos ver la visión de Dios para la iglesia, lo que Él ha ordenado que sea. El último versículo del pasaje anterior habla de Jesús presentándose la iglesia a Sí mismo en toda su gloria: sin mancha ni arruga, santa e impecable. La iglesia tiene que ser saturada con la gloria de Dios, con su presencia visible y manifiesta. Cada característica contaminante o que la desfigure debe ser removida de su belleza y su gloria. Tiene que ser lavada y limpiada, llegar a ser santa, separada para Dios, que refleje la santidad de Dios en un mundo adúltero e inmundo. Ella debe ser impecable al caminar realizando todas las tareas encomendadas por Dios y cumpliendo todo requerimiento divino. Sólo mediante el lavamiento de la Palabra es esto posible.

Quizá algunos digan: «Es demasiado; es algo extremo». Sin embargo, ese es el propósito de Dios; esa es su visión. Dios jamás rebaja sus estándares para nivelarlos con los del hombre. Más aún, Él hizo provisión para elevarnos al estándar que fijó para nosotros.

Nuestra respuesta

Esta es, pues, la visión de Dios para la iglesia: que sea gloriosa, sin mancha, ni arruga, ni cosa semejante. También vimos la doble provisión divina para ella: la sangre que redime y el agua limpiadora de la Palabra. Es claro que lo anterior demanda de nosotros una respuesta de manera individual y en forma colectiva como parte de la iglesia que es su esposa.

El apóstol Juan nos ayuda a entender la respuesta individual que se demanda de cada creyente:

«Queridos hermanos, ahora somos hijos de Dios, pero todavía no se ha manifestado lo que habremos de ser. Sabemos, sin embargo, que cuando Cristo venga seremos semejantes a él, porque lo veremos como él es. Todo el que tiene esta esperanza en Cristo, se purifica a sí mismo, así como él es puro» (1 Juan 3:2-3 NVI).

Una vez más empezamos con una visión: seremos como Jesús. «Todo el que tiene esta esperanza en Cristo, se purifica a sí mismo, así como él es puro». Comprender esto mantiene todas nuestras prioridades en orden, y nos purificamos mediante el lavamiento del agua de la Palabra de Dios.

Juan también nos ayuda con la contestación requerida de la iglesia como cuerpo. Su respuesta está descrita de manera hermosa en el libro de Apocalipsis, el cual pinta proféticamente el clímax de esta era: la cena de las bodas del Cordero. Así es como Juan lo revela:

> «Oí como la voz de una gran multitud, como el estruendo de muchas aguas, y como la voz de grandes truenos, que decía: ¡Aleluya, porque el Señor nuestro Dios Todopoderoso reina! Gocémonos y alegrémonos y démosle gloria; porque han llegado las bodas del Cordero, y su esposa se ha preparado. Y a ella se le ha concedido que se vista de lino fino, limpio y resplandeciente; porque el lino fino es las acciones justas de los santos» (Apocalipsis 19:6-8).

Este es un cuadro de la respuesta colectiva de la iglesia: «Su esposa [la iglesia] se ha preparado». Eso indica un proceso de preparación.

En mis viajes a muchas tierras y entre diferentes culturas he asistido a muchos tipos de bodas, pero en todo el mundo he encontrado un elemento común en todas estas: es responsabilidad de la novia prepararse a sí misma para la boda. Y ocurre lo mismo en el matrimonio celestial. La frase final del pasaje anterior describe la preparación: «El lino fino es las acciones justas de los santos». El vestido de la novia no es un vestido corriente; está entretejido con las acciones realizadas en obediencia a Dios y a su Palabra. Cada acción justa es un hilo en el manto que vestirá a la iglesia y la hará gloriosa.

La acción más importante para cada uno de nosotros de forma individual y para la iglesia como cuerpo es cumplir la voluntad de Dios; ver la visión que Dios tiene para la iglesia completa, y dedicar todos nuestros esfuerzos, nuestras oraciones y tareas —de hecho, todo lo que hacemos— para lograr este glorioso propósito de la iglesia. ¿Y para qué? Para que cuando Jesús regrese, encuentre a su esposa como Él determinó que fuera.

El primer objetivo: la unidad

Hay dos objetivos principales que Dios tiene en mente a medida que realiza la restauración de la iglesia. Estos objetivos divinos se pueden resumir en dos palabras: *unidad* y *alcance*. Miremos primero el propósito de Dios de restaurar la unidad en la iglesia.

La oración de Jesús por su iglesia

Al final del capítulo 17 de Juan, Jesús se acerca al momento de su arresto y posterior juicio. Lo separan de sus discípulos y no vuelve a reunirse con ellos hasta después de su muerte, sepultura y resurrección. De modo que en cierto sentido, lo que les dice antes de estos acontecimientos son realmente las últimas palabras que escuchan de su Señor antes de ser separados. Creo que estas palabras son de especial importancia, pues forman parte de la oración que como Sumo Sacerdote dirigió al Padre.

En la primera parte de la oración clama por los discípulos que entonces están con Él, pero en la parte final intercede por todos los futuros creyentes de todas las edades, razas, denominaciones y trasfondos. El glorioso final de la oración muestra su más profundo anhelo y propósito para la iglesia. «No ruego sólo por éstos *[los discípulos]*. Ruego también por los que han de creer en mí por el mensaje de ellos, para que todos sean uno. Padre, así como tú estás en mí y yo en ti, permite que ellos también estén en nosotros, para que el mundo crea que tú me has enviado» (Juan 17:20-21, *énfasis agregado* NVI).

Entiendo que él está hablando de todos los verdaderos creyentes de todas las edades porque, finalmente, si analizamos cómo es que los creyentes acogen la fe, es siempre por el mensaje de los apóstoles. Su mensaje registrado en el Nuevo Testamento es la única base real para la fe de todos los creyentes.

La que Jesús expresa aquí es una de las comparaciones más grandiosas del Nuevo Testamento. Antes vimos el amor de Cristo por su iglesia comparado con el amor de un esposo por su esposa. Ahora Jesús habla de un nexo de unión entre todos los verdaderos creyentes comparable a la relación existente entre el Padre y el Hijo:

«Para que todos sean uno. Padre, así como tú estás en mí y yo en ti, permite que ellos también estén en nosotros, para que el mundo crea que tú me has enviado. Yo les he dado la gloria que me diste, para que sean uno, así como nosotros somos uno: yo en ellos y tú en mí. Permite que alcancen la perfección en la unidad, y así el mundo reconozca que tú me enviaste y que los has amado a ellos tal como me has amado a mí»   (vv. 21-23 NVI).

Note otra vez que los estándares de Dios nunca caen por debajo de su misma dignidad. El estándar de unidad de Jesús es el estándar de la Deidad; la unidad que existe entre el Padre y el Hijo es el tipo de unidad por el cual Él ora.

El propósito: amor por el mundo

Permítame señalar dos frases significativas que aparecen aquí: «Que ellos también estén en nosotros, para que el mundo crea que tú me has enviado» (v. 21 NVI); y «Que alcancen la perfección en la unidad, y así el mundo reconozca que tú me enviaste» (v. 23 NVI). Jesús enfoca su atención no sólo en su propio pueblo creyente sino que, como siempre, tiene una profunda compasión e interés por el mundo que todavía no lo conoce. Ora «para que el mundo crea» y que «el mundo reconozca» que Dios lo envió a él para ser el Salvador.

Creo en muchas formas diferentes de evangelización y de alcanzar a la gente, les he dedicado todo mi ser y mi vida; pero soy lo suficientemente realista para saber que todas juntas nunca podrán alcanzar a el mundo entero. Sólo un testimonio lo puede lograr: la unidad visible del pueblo creyente. Ese testimonio final hará que el mundo crea y que sepa que Dios envió a Jesús.

Seamos realistas, esta no es una unidad mística en otra dimensión. Tiene que ser el tipo de unidad que este mundo incrédulo pueda entender con sus sentidos, demostrada en forma visible. Ese es el tipo de unidad por el cual Jesús oró al Padre.

El Antiguo Testamento nos presenta un cuadro simbólico de este proceso de unidad. Es una visión que Dios dio al profeta

Ezequiel, generalmente conocida como la del valle de los huesos secos:

«La mano del Señor vino sobre mí, y su Espíritu me llevó y me colocó en medio de un valle que estaba lleno de huesos. Me hizo pasearme entre ellos, y pude observar que había muchísimos huesos en el valle, huesos que estaban completamente secos. Y me dijo: «Hijo de hombre, ¿podrán revivir estos huesos?» Y yo le contesté: «Señor omnipotente, tú lo sabes.» Entonces me dijo: «Profetiza sobre estos huesos, y diles: '¡Huesos secos, escuchen la palabra del Señor! Así dice el Señor omnipotente a estos huesos: Yo les daré aliento de vida, y ustedes volverán a vivir. Les pondré tendones, haré que les salga carne, y los cubriré de piel; les daré aliento de vida, y así revivirán. Entonces sabrán que yo soy el Señor.'» Tal y como el Señor me lo había mandado, profeticé. Y mientras profetizaba, se escuchó un ruido que sacudió la tierra, y los huesos comenzaron a unirse entre sí. Yo me fijé, y vi que en ellos aparecían tendones, y les salía carne y se recubrían de piel, ¡pero no tenían vida! Entonces el Señor me dijo: «Profetiza, hijo de hombre; conjura al aliento de vida y dile: 'Esto ordena el Señor omnipotente: Ven de los cuatro vientos, y dales vida a estos huesos muertos para que revivan.'» Yo profeticé, tal como el Señor me lo había ordenado, y el aliento de vida entró en ellos; entonces los huesos revivieron y se pusieron de pie. ¡Era un ejército numeroso!

(Ezequiel 37:1-10 NVI).

¡Qué hermoso cuadro del plan de Dios para llevar a su pueblo a la unidad al final de esta era! Al parecer revivir los huesos parecía una tarea sin esperanza de éxito. Mientras Ezequiel caminó entre éstos, quizá pensó: «Esto está fuera de toda posibilidad». A veces sentimos lo mismo respecto a la situación de la iglesia: no hay nada que hacer: dividida, dispersa, débil, ineficaz. No obstante, así como Dios le dio a Ezequiel el ministerio que produjo restauración y reunificación a un pueblo disperso, el mismo propósito está en pie para la iglesia en nuestros días.

Dos aspectos de ese ministerio son importantes para nosotros. A Ezequiel se le dijo que hablara ciertas palabras: que profetizara. La primera vez, el Señor le dijo que profetizara a los huesos. Cuando éstos escucharon las palabras proféticas, fueron cambiados, se movieron y se juntaron. La segunda vez, el Señor le dijo que profetizara al aliento de vida (o Espíritu de Dios). Cuando lo hizo, el Espíritu de Dios llegó sobre los huesos y «revivieron y se pusieron de pie, y era un ejército numeroso».

Creo que «profetizar a los huesos» representa la predicación, «pero profetizar al aliento de vida» representa la oración y la intercesión. Y en mi opinión, tanto la predicación como la oración y la intercesión las necesitamos con desespero. La predicación de la Palabra traerá vida y unidad al pueblo de Dios. La oración y la intercesión traerán de vuelta al Espíritu en su plenitud al cuerpo de Cristo, y levantarán los huesos dispersos, separados y sin vida, a fin de que formen un ejército numeroso.

En hebreo, la frase un ejército numeroso es enfática y significa un ejército muy pero muy grande. Aquí otra vez es necesario ver el objetivo. En esta instancia se nos da un cuadro no de una novia o esposa sino de un ejército; un ejército para combatir, para atacar y destruir las fortalezas del diablo, para hacer retroceder sus fuerzas malignas y anunciar la revelación de la gloria de Dios a toda la tierra.

Tengo la convicción de que el Señor Jesús jamás hizo una oración que el Padre no respondiera. Creo que Dios responderá esa oración de Jesús por la unidad visible de la iglesia, una unidad del mismo tipo de la que existe dentro de la Deidad; o sea, entre el Padre y el Hijo.

La importancia de los líderes

El plan para este vasto ejército está delineado en Efesios 4, la cual habla de los principales ministerios que Cristo ha establecido en su iglesia, y el propósito por el cual se establecieron:

«Él mismo [el Cristo resucitado y ascendido] constituyó a unos, apóstoles; a otros, profetas; a otros, evangelistas; y a otros, pastores y maestros, a fin de capacitar al pueblo de Dios para la obra de servicio, para edificar el cuerpo de Cristo. De este modo, todos llegaremos a la unidad de la fe y del conocimiento del Hijo de Dios, a una humanidad perfecta que se conforme a la plena estatura de Cristo. Así ya no seremos niños zarandeados por las olas y llevados de aquí para allá por todo viento de enseñanza y por la astucia y los artificios de quienes emplean artimañas engañosas. Más bien, al vivir la verdad con amor, creceremos hasta ser en todo como aquel que es la cabeza, es decir, Cristo. Por su acción todo el cuerpo crece y se edifica amor, sostenido y ajustado por todos los ligamentos, según la actividad propia de cada miembro» (vv. 11-16, *énfasis agregado* NVI).

Una vez más, vemos la necesidad de tener una visión. En el versículo 16, Pablo declara la visión del cuerpo completo, maduro y funcionando perfectamente: «Por su acción todo el cuerpo crece y se edifica en amor». Este es el fin hacia el cual se enfoca todo lo que Dios está haciendo en la iglesia.

Hay varios puntos prácticos importantes en esta misión. Primero, cuando Dios quiere hacer algo, empieza por encontrar personas que lo hagan. Jesús comenzó su programa en la iglesia al ubicar líderes en los diferentes ministerios. Alguien dijo una vez: «Dios usa hombres, no métodos», pero eso es sólo parcialmente cierto. Lo diría de esta manera: «Se requiere hombres de Dios para aplicar los métodos del Señor. Dios obra a través de líderes —ellos son un factor esencial—, y donde no hay líderes a través de los cuales obrar, los propósitos del Señor se frustran».

Lo podemos ver en el relato de la manera como Dios liberó al pueblo de Israel de su esclavitud en Egipto. Sabemos por la Escritura que Israel había estado clamando a Dios en una triste súplica por lo menos durante cien años. Dios le dijo a Moisés que Él había escuchado su clamor, pero el Señor no se movió a liberarlos hasta que tuvo a un hombre en quien podía confiar, y ese hombre fue Moisés. Luego le tomó ochenta años preparar a Moisés para la misión. Eso nos muestra la tremenda importancia que Dios le confiere al hecho de tener un líder antes de dedicarse a Sí mismo a una tarea.

Al mirar los ministerios mencionados antes —apóstoles, profetas, evangelistas, pastores y maestros—, notamos que se les asignan ciertas funciones específicas. La primera es equipar a los santos para su servicio. No es propósito de Dios que quienes están en el ministerio de tiempo completo, lo hagan todo; eso es una mala interpretación que se ha introducido en algunas iglesias. El propósito divino es que esos líderes equipen al resto de los creyentes para que hagan su propio trabajo. En cierto sentido, el ministro que lo está haciendo todo está frustrando los propósitos de Dios. Es mucho más importante equipar a otros para que lo hagan.

La segunda es edificar el cuerpo de Cristo. Estos ministerios deben tener la visión del cuerpo completo. Toda su labor y sus esfuerzos tienen que dirigirse a la meta de producir este cuerpo, el cual es la visión y el propósito final de Dios.

El tercer propósito, que es el que está más estrechamente relacionado con nuestro tópico, es llevarnos a la unidad de la fe. Pablo en realidad utiliza la frase *hasta que todos lleguemos a la unidad de la fe* (ver Efesios 4:13). Él dice que éste debe convertirse en nuestro objetivo, y ello depende de que estos ministerios funcionen de forma correcta en la iglesia.

El apóstol también revela cómo es que llegaremos a la unidad de la fe: «Mediante el conocimiento del Hijo de Dios». De hecho, la palabra griega significa «reconocimiento». No es un conocimiento intelectual de Jesús como el Hijo de Dios sino reconocerlo, darle el lugar correcto en cada parte de la iglesia y en cada área de nuestras vidas. Esa es la senda hacia la unidad; es decir, en la medida en que reconocemos a Jesús y le damos el lugar correcto y la preeminencia en cada área de nuestras vidas y en la iglesia, que es su cuerpo, todo lo demás estará en su sitio y en orden.

La doctrina sola no es suficiente. Cada doctrina del Nuevo Testamento tiene como centro la persona de Jesús. La salvación demanda un Salvador; la santificación requiere de un Santificador; la sanidad necesita de un Sanador, y así sucesivamente. No es suficiente tener la doctrina; la doctrina nos debe llevar a una relación con la persona. Cuando a Jesús se le reconoce de manera correcta en su iglesia, todo lo demás encaja en su sitio debido y en orden alrededor de Él.

El cuarto propósito de estos ministerios es producir en nosotros madurez e integridad. Un cuerpo completo, íntegro, con cada parte presente que hace su trabajo. Un cuerpo maduro, no el de un niño o un joven, sino un cuerpo completamente desarrollado.

A medida que Dios establece estos ministerios en la iglesia —y es prerrogativa soberana de Él hacerlo—, cada uno de nosotros debe decidir cómo responder. Si los rechazamos —si somos obstinados, si somos tercos, si hacemos las cosas a nuestra manera y no nos sometemos a la autoridad espiritual que Dios ha establecido en la iglesia—, Pablo nos dice lo que ocurrirá: «Seremos niños, zarandeados por las olas y llevados de aquí para allá por todo viento de enseñanza y por la astucia y los artificios de quienes emplean artimañas engañosas» (Efesios 4:14 NVI).

La implicación es clara. Si no estamos bajo estos ministerios, si no nos sometemos a su autoridad ni obedecemos su dirección, seguiremos siendo infantes retardados. Estaremos expuestos a toda forma de engaño, llevados de aquí para allá por todo viento de doctrina nueva que llegue, sin lograr nunca verdadera estabilidad, madurez o responsabilidad.

De otro lado, si nos sometemos a éstos, el resultado será amor y relaciones correctas, y crecimiento y realización. Pablo dibuja el camino hacia esa meta: «Al vivir la verdad con amor, creceremos hasta ser en todo como aquel que es la cabeza, es decir, Cristo» (v. 15).

Nuestra actitud hacia el cuerpo de Cristo

Debemos entrar en una correcta relación con los ministerios y autoridades que Dios establece en su iglesia. Eso nos pondrá en la relación correcta con nuestros compañeros creyentes. Entonces hablaremos la verdad en amor y, al hacerlo bajo disciplina y autoridad, dejamos de ser infantes retardados espiritualmente. Crecemos así en Cristo (Él es siempre nuestro máximo objetivo). Llegamos a ser miembros de ese cuerpo integral «sostenido y ajustado por todos los ligamentos», en el cual cada parte individual realiza su función apropiada. El resultado es que el cuerpo crece de manera natural debido a sus propios recursos y su vida interior, y logra su propia edificación en amor.

Dios tiene una visión, un plan, un programa. Primero que todo, debemos escuchar la oración de Jesús, dedicarnos a su propósito y someternos a la autoridad y ministerio que establece en su iglesia. Luego, tenemos que entrar en una correcta relación con nuestros compañeros creyentes y llegar a ser parte de ese cuerpo totalmente funcional. Eso traerá unidad a la iglesia, lo cual es uno de los objetivos divinos.

El segundo objetivo: la capacidad de alcanzar

En el último capítulo miramos una señal específica y distintiva del final de la era que se relaciona con la iglesia, llamada el derramamiento de la lluvia tardía o postrera del Espíritu Santo. Exactamente como la lluvia en Israel cae en dos precipitaciones principales, la primera al comienzo y la segunda al final del invierno, así, históricamente, el Espíritu Santo se ha derramado sobre la iglesia en dos visitaciones principales: la primera lluvia que cayó sobre la iglesia en el Nuevo Testamento, y la postrera o tardía que caerá al final de esta era. Mi convicción es que estamos viviendo en el tiempo de la lluvia postrera, que la visitación actual a nivel mundial del Espíritu Santo sobre la iglesia es el cumplimiento de esa profecía de Joel, en el sentido de que Dios enviaría ambas a su pueblo: la lluvia temprana y la lluvia tardía.

El propósito de ambas lluvias —la natural y la espiritual— es la cosecha. Esto es evidente en casi todo lugar en la Biblia donde Dios promete darle lluvia a su pueblo.

Entonces, en el caso de la lluvia natural, esperamos una cosecha natural, la recolección del grano. En el caso de la lluvia espiritual, esperamos una cosecha espiritual, la recolección de almas de todos los campos del mundo. Esta será la gran recolección final de almas para el reino de Dios por la fe en Jesucristo y mediante el ministerio del Espíritu Santo. Un pasaje del Nuevo Testamento lo expresa con claridad: «Por lo tanto, hermanos, sean pacientes hasta la venida del Señor. El agricultor espera con paciencia la lluvia temprana y postrera hasta que la tierra dé su precioso producto [la cosecha]» (Santiago 5:7 NASB).

En la economía de la tierra de Israel, la cosecha no llega si el suelo no recibe ambas lluvias, la temprana y la tardía. El agricultor que espera la cosecha por la cual ha laborado arduamente sabe que tiene que ser paciente. El «precioso producto de la tierra» crece a medida que la lluvia cumple su función. Él tiene que esperar hasta que la última lluvia haya caído para recoger la cosecha. Santiago aplica en lo espiritual este principio: «Así también ustedes, manténganse firmes y aguarden con paciencia la venida del Señor que ya se acerca» (Santiago 5:8 NVI).

Lluvia para la cosecha

Hay aquí dos lecciones importantes para nosotros. Ambas lluvias, la temprana y la postrera, son necesarias para la cosecha. Tan cierto como es en lo natural lo es en lo espiritual. La gran recolección final de almas para el reino de Dios no puede ocurrir hasta que hayamos tenido la plenitud del derramamiento de la lluvia postrera del Espíritu Santo sobre la iglesia en toda la tierra.

La segunda verdad importante es que a la lluvia postrera le sigue inmediatamente el regreso del Señor. En esos dos versículos, Santiago comienza y termina con el tema de la venida del Señor. Él dice: «Sean pacientes ... hasta la venida del Señor ... porque la venida del Señor se acerca».

Muchos pasajes de la Escritura apuntan hacia la misma conclusión: la primera lluvia en la iglesia naciente; la lluvia postrera sobre la iglesia del final de la era; luego la cosecha, la gran recolec-

ción de almas dentro del reino de Dios; y en el tiempo de la cosecha, el regreso del Señor.

Jesús mismo lo afirma en varias parábolas. Por ejemplo, en
Mateo 13:39 cuando dice: «La cosecha es el fin del mundo» (NVI).
Otro pasaje expresa el mismo mensaje con gran urgencia:

> «No obstante, este pueblo tiene corazón falso y rebelde; se
> apartaron y se fueron. Y no dijeron en su corazón: Tema-
> mos ahora al Señor Dios nuestro, que da lluvia temprana
> y tardía en su tiempo, y nos guarda los tiempos estableci-
> dos de la siega»   (Jeremías 5:23-24).

¿Por qué da Dios la lluvia? Porque sin ésta no hay recolección
de cosecha. Válido en lo natural y en lo espiritual.

¿Por qué está Dios derramando el Espíritu Santo sobre toda la
iglesia en cumplimiento de la profecía? Porque ha reservado para
nosotros las semanas señaladas de la cosecha. Para mí este es un
mensaje muy urgente. El de la cosecha jamás es un período extenso en ninguna tierra; por el contrario, es un período breve. Cualquier agricultor sabe que cuando la cosecha está madura, sólo
tiene unas pocas semanas para recogerla, o la pierde. Dios ha reservado esas semanas para que la iglesia recoja la cosecha en la
tierra. Es un asunto de tremenda urgencia. Es esencial que abra-
mos nuestros ojos para ver el programa y la provisión de Dios y,
en consecuencia, alinearnos con su propósito.

Explosiones en el mundo

Ampliemos un poco más nuestra visión de la cosecha. Nuestro
mundo confronta hoy un cierto número de explosiones: tremendos movimientos, aumentos y oleadas repentinas. A continuación,
cuatro tipos de estos:

Primero, una explosión demográfica. La población de la tierra
está aumentando a un ritmo alarmante. Creo que ya ha superado
la cifra de los seis mil millones, y sigue su rápido crecimiento.

Segundo, una explosión en los viajes. La gente tiene ahora la capacidad de viajar a cualquier parte de la tierra en un espacio de tiempo asombrosamente corto.

Tercero, una explosión en las comunicaciones. La imprenta propició una revolución espiritual. ¿Qué podemos esperar hoy del repentino aumento de las innovaciones y las herramientas de comunicación que de repente llegaron a estar a nuestra disposición?

Y cuarto, la explosión espiritual. Un derramamiento mundial del Espíritu Santo está llevando otra vez renovación, fortaleza y victoria a la iglesia de Jesucristo.

Imaginemos un cuadro posible. Suponga que en medio de esta explosión demográfica, con todas las facilidades para viajar y de comunicación a nuestra disposición, hubiera una tremenda explosión espiritual en la iglesia. Suponga que el Espíritu Santo fuera restaurado en la plenitud de su poder y su gloria, que la iglesia se uniera y estuviera equipada con los cinco ministerios, con todo el poder del Espíritu y luego, con este equipo y esta visión espiritual, entrara a los campos maduros del mundo actual. ¿Cuál sería el resultado?

No sería irreal estimar que en un período de cinco a diez años (o quizá menos), en esas condiciones se recogerían más almas para el reino de Dios que todas las que han entrado desde que Jesús murió y resucitó de entre los muertos.

Creo que así será la cosecha al final de la era, que ese es el objetivo y el cumplimiento de los propósitos de Dios. Nosotros que pertenecemos a Jesucristo en este tiempo estamos obligados a ver los propósitos de Dios y a cumplirlos. La Biblia dice que «el que duerme en el tiempo de la siega, es hijo que avergüenza» (Proverbios 10:5). Oro para que no seamos hijos de Dios que duermen durante la cosecha y le causen vergüenza a nuestro Padre, para que despertemos y oigamos y veamos lo que Dios está diciendo y haciendo en nuestro mundo hoy.

La iniciativa es de la iglesia

Cuando vemos la cosecha desde el punto de vista de Dios, podemos darnos cuenta que la iniciativa en los asuntos del mundo la tiene la iglesia; pero rara vez el pueblo de Dios parece darse cuenta de ello. La iniciativa no la tienen los políticos, o los científicos o los líderes militares; la iniciativa la tiene el pueblo de Dios, su iglesia. Dios nunca permitirá que la iniciativa pase a otras manos mientras la iglesia esté aquí como representante de su Hijo Jesucristo.

Pasamos cierto tiempo estudiando Mateo 24, el discurso profético que Jesús pronunció sentado en el monte de los Olivos mientras inspeccionaban el área del templo, en la cual pasó revista a los principales acontecimientos que marcarían el fin de esta era. Vimos a los discípulos interrogándolo en privado y la respuesta que les dio: «Y estando él sentado en el monte de los Olivos, los discípulos se le acercaron aparte, diciendo: Dinos, ¿cuándo serán estas cosas, y qué señal habrá de tu venida, y del fin del siglo?» (v. 3).

Como recordaremos, Jesús les había dicho que el templo sería destruido, y ellos, como buenos judíos religiosos, no podían concebir que fuese así sin que la era llegara a su fin. Desde luego, estaban equivocados. El templo fue destruido en el año 70 d.C., pero la era continuó por dos mil años más.

No obstante, fijemos nuestra atención una vez más en la última parte de su pregunta: ¿cuál será la señal de tu venida y del fin del siglo?» Otra vez notamos que la pregunta fue hecha en singular: no ¿qué *señales*? sino «¿cuál será *la señal* distintiva segura?»

La señal segura de su venida

En los siguientes versículos, Jesús menciona muchas señales, pero no *la* señal. Habla de guerras internacionales, hambres, terremotos, pestilencias, persecución de cristianos, apostasía y traición entre cristianos, falsos profetas y sectas, y abundancia de maldad que provoca la pérdida de amor. En este breve resumen vemos que ha mencionado muchas señales, pero no *la* señal.

Sin embargo, luego Jesús contesta esa pregunta específica con una respuesta también igual: «Y será predicado este evangelio del reino en todo el mundo, para testimonio a todas las naciones; y entonces vendrá el fin» (Mateo 24:14).

Eso es bastante claro. «¿Cuál será *la* señal de tu venida?» La respuesta: «Este evangelio del reino será predicado en todo el mundo para testimonio a todas las naciones; y entonces vendrá el fin». ¿Cuándo vendrá el fin? El fin no será provocado por la actividad del mal, por las fuerzas del diablo, ni aun por conflictos humanos. Todo esto desempeñará un cierto papel, pero el factor decisivo es la predicación de «este evangelio del reino ... en todo el mundo ... a todas las naciones». Cuando todo eso se haga, vendrá el fin.

¿Hay un día específico señalado para el regreso de Jesús? Creo que lo hay, pero también creo que ciertas cosas deben ocurrir primero. No sé el día; nadie lo sabe, pero sabemos que ciertas cosas tienen que ocurrir. ¿Cómo conciliamos estos dos hechos? Teniendo en cuenta el absoluto preconocimiento de Dios, pues Él sabe cuándo ocurrirán estos eventos y ha señalado el día a la luz de su preconocimiento.

Vemos un paralelo en la liberación de Israel por parte de Dios de Egipto. Él liberó a una generación, pero ésta falló en aprovechar las promesas de Dios y en su dedicación a Él, de tal modo que perecieron en el desierto. Sin embargo, la siguiente generación entró a la tierra prometida. Cerca de cuatro siglos antes, Dios le había dicho a Abraham cuándo entrarían sus descendientes, el pueblo de Israel, a la tierra prometida. En su preconocimiento, Dios sabía que una generación fallaría, pero que la siguiente tendría éxito.

Creo que lo mismo se aplica a la iglesia. Dios sabe cuál generación de la iglesia tendrá éxito en cumplir la tarea. Confío y creo que será la nuestra. Esta es la primera vez en la historia de la humanidad cuando toda la provisión tecnológica está presente para lograr lo que nunca antes ha sido posible: alcanzar a nuestro mundo en una generación. Debido a las explosiones que he mencionado antes —demográfica, en los viajes, en las comunicaciones, y el poder del Espíritu Santo— es técnicamente posible alcanzar el mundo entero en esta generación con el evangelio del reino. Creo que es lo que Jesús pretende y por lo que está haciéndonos notar estos hechos tan vívidamente por el Espíritu Santo. Por eso es que estas predicciones y promesas están en la Palabra de Dios, para que reconozcamos el tiempo en que vivimos y asumamos nuestro destino.

El reto de Dios para nosotros

Examinemos la gran comisión que Jesucristo dio a sus discípulos después de su resurrección:

> «Y Jesús se acercó y les habló diciendo: Toda potestad me es dada en el cielo y en la tierra. Por tanto, id y haced discípulos a todas las naciones, bautizándolos en el nombre del Padre, y del Hijo, y del Espíritu Santo; enseñándoles que guarden todas las cosas que os he mandado; y he aquí yo estoy con vosotros todos los días, hasta el fin del mundo»   (Mateo 28:18-20).

Hay aquí dos palabras muy importantes: *por tanto*. Nunca debemos ignorarlas cuando aparecen en la Escritura. Como lo digo siempre: «Cuando encuentre un *por tanto* en la Biblia, es necesario preguntarse por qué está allí». Jesús dice: «Toda potestad me ha sido dada. *Por tanto*, vayan. ¿Por qué «por tanto»?

Pues bien, lo entiendo de esta manera: la autoridad fue dada por Dios Padre a Jesús, el Hijo, después de su muerte y resurrección. A su vez, Jesús transmite esa autoridad a sus discípulos. En otras palabras, está diciendo: «Toda autoridad me ha sido dada a Mí; ahora *ustedes* vayan y ejerzan esa autoridad en mi nombre. La autoridad es conferida en mi nombre; al ir en mi nombre ustedes tienen mi autoridad».

La autoridad es sólo efectiva cuando se ejerce. Una persona puede tener autoridad y nunca usarla, y quizá nadie sepa que tiene tal autoridad. Así ocurre con la autoridad que recibimos de

Jesucristo. Se nos ha confiado pero sólo es efectiva cuando la utilizamos. La única manera de que el mundo conozca la autoridad que le fue dada a Jesús como resultado de su muerte y resurrección es que nosotros, sus discípulos, la ejerzamos en su nombre. De lo contrario, el mundo permanecerá ignorante de lo que Él en realidad ha logrado. El mundo no sabe que el Padre entregó toda potestad al Hijo. Sólo mediante nuestra obediencia a la comisión que Jesús nos dio podemos llevar alguna vez al mundo a enfrentar el hecho que hay un Rey —un Rey de reyes y Señor de señores, cuyo nombre es Jesús— al que se le ha conferido toda autoridad. Nosotros somos responsables de demostrarle esto al mundo. Al obedecer el mandato de Jesús y llevar su mensaje, Él lo confirmará con señales sobrenaturales, y respaldará su propia autoridad en la Palabra que nos ha encomendado.

Hay otra razón por la cual Él dice «toda potestad me ha sido dada, por tanto id». Hay muchos lugares donde es muy difícil ir. Existen gobiernos sobre la tierra que se oponen a la predicación del evangelio. Hay muchas puertas cerradas en nuestros días. Sin embargo, Jesús dice: «Si ustedes van y me obedecen, recuerden que tengo la autoridad. Si hablan conmigo acerca de ello, abriré esas puertas cerradas. Haré camino donde no lo hay. Si están decididos a obedecerme, haré posible que me obedezcan».

La seguridad y el éxito de la iglesia radican en un esfuerzo de alcance positivo. Eso significa no asustarnos, no pensar sólo en la supervivencia ni escondernos en una cueva con una provisión de alimentos. El camino a la seguridad y éxito es alcanzar a la gente de manera positiva y osada en obediencia al Señor.

14

Levantémonos
en victoria

«Mas gracias sean dadas a Dios, que nos da la victoria por
medio de nuestro Señor Jesucristo. Así que, hermanos míos
amados, estad firmes y constantes, creciendo en la obra
del Señor siempre, sabiendo que vuestro trabajo en el Señor no es en vano» (1 Corintios 15:57-58).

Enfrenté situaciones en las cuales necesité hacer todo el esfuerzo para que estas palabras salieran de mi boca. Tuve
que echar mano de toda mi fortaleza espiritual para decir-
las, por la intensidad de las presiones y la carencia absoluta de
señales de victoria. Mas éstas siguen siendo ciertas porque son la
Palabra de Dios.

No queremos medrar por la vida escasamente sobreviviendo a
las situaciones sino vivir victoriosos. ¿Por cuáles pruebas tendremos que pasar en nuestro camino hacia la victoria?

Antes, en Mateo 24, leímos acerca del «principio de dolores».
Mire esta lista tomada de los versículos 9 al 12, en la cual Jesús describe las pruebas por las cuales pasaremos, a fin de ser victoriosos:

❋ Os entregarán a tribulación y os matarán.

❋ Seréis aborrecidos de todas las gentes por causa de mi nombre.

❋ Muchos tropezarán y se entregarán unos a otros.

❋ Unos a otros se aborrecerán.

❋ Muchos falsos profetas se levantarán y engañarán a muchos.

❋ La maldad se multiplicará.

❋ El amor de muchos se enfriará.

De la carta de Pablo a Timoteo aprendimos que «en los últimos días vendrán tiempos violentos». Pasaremos por tiempos violentos porque:

> «Habrá hombres amadores de sí mismos, avaros, vanagloriosos, soberbios, blasfemos, desobedientes a los padres, ingratos, impíos, sin afecto natural, implacables, calumniadores, intemperantes, crueles, aborrecedores de lo bueno, traidores, impetuosos, infatuados, amadores de los deleites más que de Dios, que tendrán apariencia de piedad, pero negarán la eficacia de ella» (2 Timoteo 3:2-5).

Y aquí tenemos otro pasaje típico sobre este asunto: «Como está escrito: Por causa de ti somos muertos todo el tiempo; somos contados como ovejas de matadero» (Romanos 8:36).

¿Quiénes son muertos todo el tiempo? ¿Quiénes son contados como ovejas de matadero? ¡Nosotros los creyentes!

No obstante, esa es sólo una parte de la historia, porque Pablo añade la promesa: «Antes, en todas estas cosas somos más que vencedores por medio de aquel que nos amó» (v. 37).

¡Más que vencedores! Le pregunté una vez al Señor qué significa ser «más que vencedores». Sentí que la respuesta es la siguiente: cuando usted pasa por una prueba, sale de allí con más de lo que tenía antes. No sólo emerge victorioso sino que sale con el botín.

Esa es la norma de Dios para nosotros.

¿Cómo lo logramos?

¿Cómo podemos entrar en esta vida de victoria y realización?

«No améis al mundo, ni las cosas que están en el mundo. Si alguno ama al mundo, el amor del Padre no está en él. Porque todo lo que hay en el mundo, los deseos de la carne, los deseos de los ojos, y la vanagloria de la vida, no proviene del Padre, sino del mundo» (1 Juan 2:15-16).

Los dos amores de los que se habla aquí son mutuamente excluyentes. Podemos amar al Padre, o amar al mundo; pero no podemos amarlos a ambos al tiempo. Son como el agua y el aceite, no mezclan.

Juan utiliza la frase *el mundo* mucho más que cualquiera otro de los evangelistas. Esta es mi definición de «*el mundo*»: todos los que no están bajo el justo gobierno del Señor designado por Dios, Jesucristo. Quizá alguien diga: «Hay algunas personas afuera en realidad buenas y simpáticas». Y bueno, las hay, pero debemos confrontarlas con una pregunta: «¿Estás dispuesto a someterte sin reservas al señorío de Jesucristo?» ¡Pronto descubriremos qué tan buenas y simpáticas son! Puede que sean simpáticas en todo, menos en eso. «Y el mundo pasa, y sus deseos; pero el que hace la voluntad de Dios permanece para siempre» (vv. 17).

Todas las cosas que la gente del mundo apetece y por las cuales lucha y disputa pasan, no son permanentes; pero la clave para ser victoriosos es: «El que hace la voluntad de Dios permanece para siempre». En otras palabras, cuando nos alineamos con la voluntad de Dios, somos tan poderosos e imbatibles como la misma voluntad de Dios. Esa es la única clave de la victoria y de salir del conflicto con botín.

Hasta aquí hemos estudiado varios de los propósitos de Dios. Quiero concluir con tres instrucciones finales de la Escritura; tres pautas que el Señor tiene en operación en la tierra ahora mismo. Estas son las últimas piezas que necesitamos, a fin de entender nuestro lugar en la historia de los últimos tiempos.

Proclamar el reino de Dios en la tierra

La declaración suprema del propósito de la tierra en este tiempo se encuentra en la oración del Señor, exactamente en los dos primeros versículos, y en especial en el segundo: «Venga tu reino. Hágase tu voluntad, como en el cielo, así también en la tierra» (Mateo 6:10).

Una vez predicaba sobre la oración del Señor en Europa central: Hungría, Checoslovaquia y Alemania. En cada lugar, al intentar decirles lo que era la voluntad de Dios, siempre me impresionaron las primeras palabras: «Padre nuestro, que estás en los cielos» (v. 9). Le dije a esa gente querida: «Espero que comprendan que tienen un Padre, que no están abandonados, que no están solos, que son de mucho valor. Si creen en Jesús, son miembros de la mejor familia en la tierra. No necesitan sentirse nunca apocados o inferiores».

Si alguna vez nos sentimos rechazados, no deseados o de segunda clase, recordemos que Dios no tiene ese tipo de hijos. Somos aceptados por nuestro Padre en los cielos. Somos miembros de su familia y Él nos ama de verdad. Además, conoce nuestros nombres y planea lo mejor para nosotros.

Así que la pauta número uno es pedir y procurar que el reino de Dios se establezca en la tierra y que se haga su voluntad aquí. Eso tiene prelación sobre cualquiera otra necesidad y cualquiera otra situación. Jesús vino a traer el reino de Dios a la tierra. Estamos aquí como sus siervos y su pueblo para asistirlo en ese proceso. Ello tiene que ser la prioridad en nuestras vidas. Tiene prioridad sobre ganar dinero, o comer, o formar una familia. Es el primer punto en la lista de Dios, y si queremos estar en armonía con Él, tiene que ser también el primero en la nuestra. «Buscad primeramente el reino de Dios y su justicia, y todas estas cosas [las cosas que necesitamos en la vida diaria] os serán añadidas» (v. 33, énfasis agregado).

En tiempos de debilidad, a menudo le he fallado a Dios; pero en términos generales puedo decir que he buscado primero el reino de Dios y su justicia, y que Él nunca ha fallado en añadirme las cosas que necesito. Luchar por las otras cosas no es necesario; lo que debemos hacer es dedicarnos al reino.

Cuando nos alineamos con los propósitos de Dios, Él se responsabiliza de nosotros. Él dice: «Yo les daré provisión; les abriré las puertas». Es mejor permitir que Dios haga los planes, que planear por nuestra cuenta. Eso no significa que seamos indiferentes o que dejemos de orar. De ninguna manera. Sin embargo, los caminos de Dios son más altos que nuestros caminos, y sus pensamientos más altos que los nuestros. Nuestros planes más altos y mejores siempre serán inferiores a lo que Él ha planeado para nosotros.

El evangelio del reino

En Mateo 10, Jesús por primera vez envía a sus discípulos con unas instrucciones: «Dondequiera que vayan, prediquen este mensaje: «El reino de los cielos está cerca»» (Mateo 10:7 NVI).

Ese es el mensaje del evangelio, que muchas veces no es el que se predica hoy. He examinado este asunto muchas veces y, hasta donde puedo ver, los apóstoles jamás realizaron una reunión de sanidad. Nunca realizaron un culto para que la gente esperara el bautismo del Espíritu Santo. Sencillamente decían: «El reino de los cielos está cerca. Si quieren, se pueden unir si llenan las condiciones». No quiero decir que sea erróneo orar por sanidad; yo mismo he realizado muchas reuniones de sanidad, pero me doy cuenta que ese no era el enfoque de los apóstoles sino el siguiente: «Hay un reino. Si cumple con las condiciones, puede entrar allí. Si no, está excluido».

Luego, como vemos en Mateo 24:14: «Será predicado este evangelio del reino en todo el mundo, para testimonio a todas las naciones». Y no: «Este evangelio para que sus pecados sean perdonados» o «para que pueda ser sanado» o «para que hable en lenguas»; sino «este evangelio del reino». El mensaje nunca ha cambiado. Comenzó así, y así terminará. Es el mensaje de un reino y de un Rey.

Trastornar el mundo

Por vía de ilustración, miremos la reacción de un grupo de personas a las que los apóstoles llegaron en la ciudad de Tesalónica. Por lo general, en donde Pablo llegaba se formaba un alboroto. Parece ser que a donde iba ocurría una de dos cosas: o un motín, o un avivamiento, o a veces ambas cosas.

Una vez estuve con un grupo de misioneros en África oriental y ellos estaban planeando abrir una iglesia en un área nueva. Uno de ellos dijo: «Hagamos que se alegren o que se enojen, ¡pero hagámosles saber que estamos aquí!», y esa es también mi manera de sentir. Lo peor de todo es ser ignorado.

Poco después de que Pablo y Silas arribaran a Tesalónica hubo un motín. La gente quería agarrar a Pablo, pero él, advertido por el Espíritu, ya no estaba allí: «Pero no hallándolos, trajeron a Jasón y a algunos hermanos ante las autoridades de la ciudad, gritando: Estos que trastornan el mundo entero también han venido acá» (Hechos 17:6).

¿Podríamos decir eso también de nosotros? ¿Que hemos trastornado al mundo? ¿Que estamos cambiando las cosas? A veces somos realmente demasiado corteses y cuidadosos. Haríamos casi cualquier cosa por no incomodar a la gente, por mantener el orden predominante (a pesar de que ese orden es del diablo).

> «Estos que trastornan el mundo entero también han venido acá; a los cuales Jasón ha recibido; y todos estos contravienen los decretos de César, diciendo que hay otro rey, Jesús» (Hechos 17:6-7).

Aprendemos mucho de la oposición. Vemos aquí lo que pensaban del mensaje de Pablo y Silas. La turba no dijo nada acerca del perdón de pecados o de la sanidad sino: «Estos hombres representan a otro rey». ¿Por qué? Porque estaban proclamando el reino. Lo que disgustó a las autoridades locales fue que su mensaje era contrario al dominio del Cesar.

Un hermano de un país que pertenecía a la antigua Cortina de Hierro dijo una vez: «Usted puede decirle a la gente: «Jesús lo ama», y nadie se enoja; pero cuando dice que Jesús es Rey, lo mandan a la cárcel».

En la actualidad, la mayoría de nosotros no está declarando la esencia del verdadero mensaje: existe otro Rey. Este es el evangelio del reino. «Viene un reino, y usted puede entrar allí, o puede quedarse por fuera, pero no puede impedir su venida». Ese es un mensaje poderoso, pero no siempre nos hace populares.

Cuando los apóstoles proclamaron ese mensaje, ocurrió todo tipo de cosas. Los enfermos se sanaron y los demonios fueron expulsados, pero jamás tuvieron una reunión con ese propósito específico. Ellos tenían un mensaje: el evangelio de las buenas nuevas del reino.

Necesitamos alinearnos con ese mensaje. Estamos aquí para ser parte de la fuerza laboral que establecerá el reino de Jesucristo. Soy totalmente pesimista acerca de las soluciones humanas y humanísticas para los problemas del mundo. El ser humano no tiene la capacidad de resolver sus problemas. La guerra, la enfermedad y la pobreza no tendrán solución con planes humanos. Si creyera que dependo de los seres humanos, sería pesimista; pero no lo soy porque creo que hay otro reino que viene, y no está muy lejano. Viene un Rey que reinará con justicia. Nuestro llamamiento máximo es a alinearnos con el propósito de Dios: proclamar y ayudar a establecer su reino.

Hacer discípulos en todo el mundo

Nuestra segunda pauta está estrechamente relacionada: tenemos que dedicarnos a cumplir la última orden que Jesús dio a su iglesia, la que encontramos en Mateo 28:19, y siguientes.

Me enrolé en el ejército británico —forzosamente, no por voluntad propia— en septiembre de 1940 (recuerdo la fecha porque fue el día del cumpleaños de mi madre). Lo primero que el sargento nos dijo fue: «No hagan lo que hago; hagan lo que les digo». Y tenía buenas razones para decirlo. Sin embargo, en el reino de

Dios no podemos decir eso, no podemos darle a la gente instrucciones que nosotros no seguimos.

Otros dos principios que me enseñaron en el ejército fueron: primero, cuando se da una orden, ésta permanece en efecto hasta que alguna autoridad la cancele; segundo, la ignorancia de una orden no excusa su desobediencia. Ambos principios son válidos también en el reino de Dios. Sonrío cuando el pueblo de Dios habla de ser un ejército. Cuando me alisté en el ejército británico, bajo la autoridad del rey Jorge VI, nunca recibí un certificado firmado por su puño en que se me garantizara que no perdería mi vida. Ningún soldado se une al ejército en esas condiciones, y ningún soldado tiene el derecho de alistarse en el ejército de Jesús sobre esa base. Porque ser miembro del ejército le puede costar la vida. No hable de ser soldado si su motivo es la autopreservación. Miremos otra vez estas palabras de Jesús:

> «Y Jesús se acercó y les habló diciendo: Toda potestad me es dada en el cielo y en la tierra. Por tanto, id y haced discípulos a todas las naciones, bautizándolos en el nombre del Padre, y del Hijo, y del Espíritu Santo; enseñándoles que guarden todas las cosas que os he mandado; y he aquí yo estoy con vosotros todos los días, hasta el fin del mundo»   (Mateo 28:18-20).

Es importante saber quién tiene toda la autoridad, no tan sólo algo de ésta. Esa autoridad le fue conferida a una persona, cuyo nombre es Jesús. Habiendo dicho esto, y habiendo dejado en claro de una vez por todas el asunto de la autoridad, Jesús les dijo a sus seguidores que fueran e hicieran discípulos en todas las naciones. ¿Lo hemos hecho? De ninguna manera. Han pasado diecinueve siglos y todavía estamos lejos de hacerlo.

Quiero señalar que Jesús no dijo: «Hagan miembros de la iglesia». Uno de los grandes problemas que tenemos en la iglesia son los miembros que no son discípulos. Con sus vidas contradicen el mensaje que debemos declarar.

Cuando comenzamos un trabajo para el Señor, tenemos que hacerlo con discípulos, no con miembros. Si hacemos discípulos, tarde o temprano serán miembros. El problema más grande de la iglesia es que hemos hecho miembros que no son discípulos. La gente a veces me dice que tal iglesia tiene muchos miembros. «¡Magnífico! —les respondo. ¿Cuántos de ellos son discípulos?»

Un discípulo es alguien que está bajo disciplina. Un discípulo es aquel que ha entregado su vida. Jesús dijo que, a menos que un hombre abandone todo lo que tiene, no podrá ser su discípulo (ver Lucas 14:33). Es imposible ser discípulos si no estamos dispuestos a entregar nuestras vidas.

Bautizarlos

Luego el pasaje dice: «Bautizándolos en el nombre del Padre, y del Hijo, y del Espíritu Santo» (Mateo 28:19). Debemos entender que el bautismo en agua, practicado correctamente, es una dedicación al discipulado. Si la persona no está dispuesta a ser discipulada o a estar bajo disciplina, no debe ser bautizada. El bautismo en agua es tan importante en el Nuevo Testamento como el bautismo en el Espíritu Santo. Es un paso decisivo y urgente. Jesús dijo: «Id por todo el mundo y predicad el evangelio a toda criatura [no sólo a todas las naciones sino a toda criatura]. El que creyere y fuere bautizado, será salvo; mas el que no creyere, será condenado» (Marcos 16:15-16, *énfasis agregado*).

Tampoco debemos hacer algo así como esto: «Si quiere ser bautizado, anote su nombre porque tendremos un culto bautismal en dos semanas». Esa no fue la actitud de los creyentes en el Nuevo Testamento. Cuando Dios visitó la casa del carcelero de Filipos (y lo hizo de una forma poderosa: con un terremoto), estoy seguro que consiguió su atención. Cuando él y su familia se convirtieron en creyentes, fueron bautizados a esa misma hora de la noche. Ni siquiera esperaron que amaneciera (ver Hechos 16:25-34).

Cuando Felipe se unió al eunuco en el camino a Gaza (ver Hechos 16:26-38) y subió a su carro, el relato bíblico dice que le predicó a Jesús. No dice que le haya mencionado nada acerca del bautismo. No obstante, cuando pasaron junto a un pozo de agua, fue el eunuco el que dijo: «Aquí hay agua; ¿qué impide que yo sea bautizado?» Felipe no le dijo que debía memorizar primero las Escrituras y asistir a una clase bíblica, y si pasaba la prueba, al final lo bautizarían. No, inmediatamente lo bautizó.

Estuve una vez con una misión integrada por un grupo maravilloso de gente, pero no bautizaban a nadie que no hubiera estado en una clase bautismal de seis meses. El resultado es que estaban bautizando a paganos educados. Esas personas habían asistido a la clase, pero nunca fueron salvos, sólo religiosos.

Así que recuerde que el bautismo no es un paso que damos en algún punto del camino; es parte de nuestra salvación. El día de Pentecostés los incrédulos preguntaron: «¿Qué haremos?» Pedro dijo, primero «Arrepentíos». Luego, «bautícese cada uno de vosotros / y recibiréis el don del Espíritu Santo» (Hechos 2:37-38). Y tres mil personas fueron bautizadas en un día. Eso implicó una gran cantidad de duro trabajo. Si los apóstoles realizaron todos los bautismos, debieron emplear varias horas. Sin embargo, note esto: eso dejó una impresión indeleble en la gente de Jerusalén. Eso es lo que significa llegar a ser un creyente en Jesús. Tenemos que pasar por el agua.

Enseñarles

Luego el pasaje de Mateo 28 continúa: «Enseñándoles que guarden todas las cosas que os he mandado» (v. 20). El proceso real de enseñanza no es antes del bautismo sino después. Cuando las personas dedican su vida al discipulado, empezamos a entrenarlos; pero no debemos entrenar a personas no comprometidas porque es una pérdida de tiempo.

Digo todo esto por experiencia, porque he visto los resultados de ambos casos. En la iglesia de Fort Lauderdale, donde asistía, operábamos básicamente sobre el principio de que si alguien quería ser salvo, creía y era bautizado. Teníamos una pileta bautismal disponible cada domingo en la mañana, y la mayoría de personas que era bautizada en agua también era bautizada en el Espíritu Santo.

Hay personas alrededor de nosotros a las que en realidad les gustaría conocer a Dios. Nosotros tan solo debemos concientizarnos de que llevaremos las buenas nuevas del reino a donde quiera que vayamos. No podemos ser tímidos o avergonzarnos. Si les ofrecemos una sonrisa, siempre estarán dispuestos a escuchar.

En cuanto a llevar el mensaje del evangelio a todas las naciones, permítame compartirle un importante pasaje de Apocalipsis 7, parte de una visión que Juan el revelador tuvo en el cielo.

«Después de esto miré, y he aquí una gran multitud, la cual nadie podía contar, de todas naciones y tribus y pueblos y lenguas, que estaban delante del trono y en la presencia del Cordero, vestidos de ropas blancas, y con palmas en las manos; y clamaban a gran voz diciendo: La salvación pertenece a nuestro Dios que está sentado en el trono, y al Cordero»   (vv. 9-10).

Ya lo señalé antes, pero el asunto merece un énfasis adicional: que estas personas provenían de toda nación, tribu, lengua y pueblo. La era no llegará a su fin hasta que por lo menos un representante de cada nación, tribu, lengua y pueblo sean salvos. Dios Padre honrará a su Hijo Jesús por el sacrificio que hizo. Él se asegurará de que haya por lo menos un representante de cada grupo étnico y lingüístico que haya recibido el sacrificio y que esté allí para ofrecer alabanza al Cordero.

Nuestro trabajo no estará completo hasta que hayamos alcanzado a todos los grupos de gente que hay en el mundo. No estoy relacionado de ninguna manera con la organización *Wycliffe Translators*, pero ciertamente los apoyo. Ellos han tomado en serio la voluntad de Dios y se han dedicado a traducir las Escrituras a todo idioma y dialecto que se habla sobre la tierra, al asumir en forma personal y literal el pasaje anterior.

Un pueblo para el reino de Dios

Hemos mirado en la Escritura las dos primeras instrucciones de Dios: Él quiere que su reino sea establecido en la tierra y que el evangelio sea predicado a todas las naciones. La tercera pauta sigue el mismo orden lógico: Él quiere un pueblo para su reino. Mire una vez más estos versículos:

«Porque la gracia de Dios se ha manifestado para salvación a todos los hombres, enseñándonos que, renunciando a la impiedad y a los deseos mundanos, vivamos en este siglo sobria, justa y piadosamente, aguardando la esperanza bienaventurada y la manifestación gloriosa de nuestro gran Dios y Salvador Jesucristo, quien se dio a sí mismo por nosotros para redimirnos de toda iniquidad y purificar para sí un pueblo propio, celoso de buenas obras»

(Tito 2:11-14).

Dios está esperando tener su propio pueblo especial. ¿Por qué tolera la horrible maldad —la agonía, el sufrimiento, la pobreza—, todas las cosas horribles que están sucediendo sobre la tierra? Con una palabra podría detenerlas, pero no lo hará hasta que tenga un pueblo para sí. Jesús quiere una esposa con quien compartir el trono. Ese es un propósito principal de Dios: un pueblo. Y tiene que venir de toda nación, tribu lengua y pueblo. Un pueblo santo y purificado de las malas acciones, del egoísmo, de la ambición, celoso y de buenas obras. Eso es lo que él busca. Acerca de ese propósito, Juan dice en su primera epístola:

«¡Fíjense qué gran amor nos ha dado el Padre, que se nos llame hijos de Dios! ¡Y lo somos! El mundo no nos conoce precisamente porque no lo conoció a él. Queridos hermanos, ahora somos hijos de Dios, pero todavía no se ha manifestado lo que habremos de ser. Sabemos, sin embargo, que cuando Cristo venga seremos semejantes a él, porque lo veremos como él es. Todo el que tiene esta esperan-

za en Cristo, se purifica a sí mismo, así como él es puro»
(1 Juan 3:1-3 NVI).

El distintivo de quienes realmente están esperando la revelación de Jesús es que se están purificando a sí mismos. ¿Qué tan
puros? Así como él es puro. Dios tiene un solo estándar de pureza, Jesús. Podemos decir que estamos esperando la venida del Señor, pero si no nos estamos purificando, no es cierto. Esa es la
evidencia en la vida de toda persona que honesta y sinceramente
espera su venida.

¿Cómo nos purificamos? El apóstol Pedro nos dice: «**Ahora
que se han purificado obedeciendo a la verdad y tienen un amor
sincero por sus hermanos, ámense de todo corazón los unos a los
otros**» (1 Pedro 1:22 NVI). Nos purificamos obedeciendo la verdad de la Palabra de Dios. No es una experiencia mística. Lo que
nos purifica es obedecer las Escrituras. ¿Y cuál es la meta? El amor
sincero a los hermanos.

Sin embargo, créame, ¡no siempre es fácil amar a «los hermanos»! Bob Mumford solía decir: «Dios tiene algunos hijos muy
extraños» Luego agregaba: «¡Y quizá usted sea uno de ellos!» Esa es
la marca de la pureza: el amor sincero por el pueblo de Dios. Eso
es lo que nos hace estar listos para la venida del Señor.

Permítame recapitular los tres propósitos de Dios con los cuales necesitamos alinearnos:

1. El establecimiento de su reino sobre la tierra.
2. La proclamación del evangelio a todas las naciones, tribus,
    lenguas y pueblos.
3. La preparación de un pueblo para su reino, el pueblo espe
    cial de Dios.

¿Cómo debemos responder?

Como lo hemos dicho desde el principio de este libro, aunque
vemos exteriormente una tremenda declinación en la moral pública, con abundancia de iniquidad, desorden, violencia y perver-

sión moral de todo tipo —como lo describe con claridad la Biblia—, en medio de todo ello también vemos la promesa de victoria. Nos encontramos en una gran batalla espiritual con las fuerzas satánicas, en un escenario que incluye doctrinas de demonios, operación de espíritus malignos, falsos profetas y, por sobre todo, el espíritu del anticristo en el trasfondo, que causa lo que vemos en los periódicos y demás medios: problemas políticos internacionales y declive social y moral.

Al enfrentar todo esto a la luz de lo que hemos discutido en los capítulos previos acerca de las señales proféticas del fin de la era, debemos hacernos las siguientes preguntas: ¿cuál es el plan y el programa de Dios para la iglesia de Jesucristo? ¿Y cuál debe ser nuestra respuesta?

¿Debemos sentarnos y cruzarnos de brazos? Ciertamente podríamos resignarnos a decir: «Bueno, todo esto fue predicho y profetizado, y ahora está ocurriendo. Después de todo, no hay nada que podamos hacer. El mundo entero está en las garras del maligno. Tendremos que aceptarlo. Si resistimos, puede ser que nos vaya bien. Tal vez salgamos de esto de alguna manera. Quizá nos vayamos en el rapto».

¿Es esa la actitud que Dios quiere que adoptemos? Creo que no. Es más, pienso que es hora de que la iglesia de Jesucristo se levante en una nueva medida de victoria, poder y autoridad. Es nuestro tiempo para demostrar que frente a todo lo que el diablo puede hacer, Dios a través de su pueblo puede hacer más.

Vemos cómo en varias épocas en el Antiguo Testamento el diablo demostró su poder. En Egipto tenía representantes en la corte de Faraón que podían hacer milagros. Ellos pudieron transformar sus varas en serpientes y cambiar el agua del río en sangre. No minimicemos este hecho. Sus representantes pudieron hacer esas cosas, ¿pero se dio por vencido Dios? No, envió a Moisés, su propio representante, a la corte de Faraón; y Moisés pudo hacer más de lo que hicieron los magos. Si el diablo se mueve, Dios da un paso adelante que supera todo lo que pueda hacer el diablo.

De igual manera, recordemos el tiempo en la historia de Israel cuando los profetas de Baal dominaban la tierra y estaban ofreciendo sacrificio y adoración. ¿Qué hizo Dios? Envió a un hombre, su representante, el profeta Elías. El Señor dijo: «Les mostraré que la oración de mi profeta en mi nombre hará más de lo que todos esos profetas de Baal pueden hacer». Dios nunca se queda sin respuesta a lo que hace el diablo.

La bandera levantada

La última parte de Isaías 59 dice: «Vendrá el enemigo como río, mas el Espíritu del Señor levantará bandera contra él» (v. 19). Dios no dice que el enemigo no vendrá como inundación. Dice que lo hará, pero que cuando lo haga, será el tiempo de esperar que el Espíritu del Señor nos dé la respuesta que nos haga levantar como bandera.

En los ejércitos de la antigüedad, una persona clave era la que llevaba la bandera, el portaestandarte de su ejército. Todos los soldados estaban entrenados para que en un momento de crisis o confusión miraran la bandera, se reunieran alrededor de la misma, se reorganizaran y lanzaran un contraataque desde el lugar donde estaba su estandarte. Mientras el abanderado permanecía fiel e ileso y mantenía en alto la bandera, era señal segura de que la victoria era todavía posible; pero si el portaestandarte llegaba a ser herido y caía, y con él la bandera, cundían la confusión y el pánico en el ejército.

En Isaías 10, al describir una batalla, la Escritura dice que «vendrá a ser como abanderado en derrota» (v. 18). Cuando eso ocurre, los soldados miran para todas partes para saber hacia dónde deben correr, para ver dónde está su líder con instrucciones sobre cómo proseguir el resto de la batalla. Si el estandarte desaparece, el ejército se confunde y es obligado a huir.

Sin embargo, las cosas son diferentes para nosotros hoy en el día de la batalla. Para nosotros, como el pueblo de Dios en el ejército del Señor, el Espíritu Santo mismo es nuestro abanderado. Justamente cuando el pueblo de Dios quizá sienta que es demasiado, que las cosas han ido demasiado lejos, que hay exceso de tinieblas sobre la tierra, que las fuerzas de maldad son demasiado poderosas, la Biblia promete que entonces «el Espíritu Santo, el Espíritu del Dios viviente levantará bandera contra él». Cuando el verdadero pueblo de Dios vea ese estandarte, no importa de qué iglesia o denominación, o trasfondo sea, se agrupará alrededor del abanderado para lanzar un contraataque.

Cuando parece que las cosas van demasiado lejos, de repente el Espíritu del Señor, en una forma que nos asombrará a todos, levantará la bandera. El pueblo de Dios de toda denominación y de todo trasfondo que realmente lo ama y desea está agrupándose alrededor del estandarte. Estamos viendo victoria y no derrota para el pueblo de Dios. No importa qué tan oscura sea la hora, aún cuando el enemigo venga como inundación, el Espíritu del Señor levantará la bandera de la victoria.

Vemos que esto está empezando a ocurrir. Es el verdadero movimiento de Dios, no una organización hecha por el hombre, con reuniones, comités y programas, sino a través de la dinámica del Espíritu de Dios en su soberanía, que levanta el estandarte de la verdad de la Palabra de Dios y de la persona y la obra de Jesucristo. Una vez más el pueblo de Dios se está juntando alrededor del divino abanderado, el Espíritu Santo.

Levantémonos en victoria

Miremos otra vez en los dos siguientes versículos las palabras dirigidas por el profeta Isaías al pueblo de Dios:

«Levántate, resplandece; porque ha venido tu luz, y la gloria de Jehová ha nacido sobre ti. Porque he aquí que tinieblas cubrirán la tierra, y oscuridad las naciones; mas sobre ti amanecerá Jehová, y sobre ti será vista su gloria. Y andarán las naciones a tu luz, y los reyes al resplandor de tu nacimiento»   (Isaías 60:1-3).

Dios afirma en este pasaje que estamos viviendo en una hora cuando las tinieblas están cubriendo la tierra, y oscuridad las naciones, y que esa oscuridad y esas tinieblas van en aumento. Sin embargo, en medio de este tiempo, la luz de la gloria y el poder de Dios descenderán sobre su pueblo de una manera nueva. Por densas que sean las tinieblas, mayor y más brillante será el contraste de la luz de la presencia y poder de Dios sobre su pueblo creyente. Aunque tenemos que reconocer la oscuridad de este tiempo, no nos quedemos ahí. Declaremos que es en esta hora oscura que Dios revelará su gloria sobre su pueblo.

Hemos alcanzado el estado del cual habla Apocalipsis 22, en donde Jesús dice: «El que es injusto, sea injusto todavía; y el que es inmundo, sea inmundo todavía; y el que es justo, practique la justicia todavía; y el que es santo, santifíquese todavía» (v. 11).

Ya no hay más tiempo ni oportunidad para las concesiones. La senda de los justos tiene tendencia ascendente y creciente como la luz de la aurora. La senda de los malos desciende hasta las tinieblas. En realidad hemos llegado al punto de la historia humana en donde estas dos se separan. Por eso es que a muchas personas no les gusta este movimiento del Espíritu de Dios. Porque las confronta con la necesidad de tomar una decisión personal definida. ¿Dejaré de lado mis prejuicios e ideas preconcebidas? ¿Descartaré mi descuido, carnalidad, pecaminosidad y tibieza? ¿Perseveraré con Dios o, por el contrario, le permitiré a la oleada de maldad y tinieblas que me envuelva y me lleve directamente a las puertas del infierno?

Cada uno de nosotros tiene que hacer una elección personal a la luz de la situación que enfrentamos hoy. Es tiempo de dejar de jugar a la iglesia y de tener una religión sólo para los domingos. Esto no es un juego; esto es un compromiso de toda una vida. Es todo, o nada, y no hay alternativa intermedia. Es un privilegio vivir en estos días, tan negros como puedan ser; porque para nosotros, los que le creemos a Dios y captemos la visión y escuchemos la voz del Espíritu, los últimos tiempos serán una época gloriosa: ¡un glorioso tiempo de victoria!

Apéndice

Los «*entonces*»
de Mateo 24 y 25

H ay en la disertación de Jesús una palabra clave que es necesario tener en cuenta al hacer su interpretación: la palabra *entonces*. Se repite muchas veces en Mateo 24 y 25. Ésta indica una serie de eventos que se suceden unos a otros de manera sistemática. Esa es precisamente la naturaleza del discurso de Jesús: sistemático, concienzudo y fundamental.

Mateo 24

«*Entonces* os entregarán a tribulación, y os matarán, y seréis aborrecidos de todas las gentes por causa de mi nombre» (v. 9).

«Muchos tropezarán *entonces*, y se entregarán unos a otros, y unos a otros se aborrecerán» (v. 10).

«Y [*entonces*] muchos falsos profetas se levantarán y engañarán a muchos» (v. 11).

«Y será predicado este evangelio del reino en todo el mundo, para testimonio a todas las naciones; y *entonces* vendrá el fin» (v. 14).»

«*Entonces* los que estén en Judea, huyan a los montes» (v. 16).

«Porque habrá *entonces* gran tribulación, cual no la ha habido desde el principio del mundo hasta ahora, ni la habrá» (v. 21).

«*Entonces*, si alguno os dijere: Mirad, aquí está el Cristo, o mirad, allí está, no lo creáis» (v. 23).

«*Entonces* aparecerá la señal del Hijo del Hombre en el cielo» (v. 30).

«Y *entonces* lamentarán todas las tribus de la tierra, y verán al Hijo del Hombre viviendo sobre las nubes del cielo, con poder y gran gloria» (v. 30).

«*Entonces* estarán dos en el campo; el uno será tomado, y el otro será dejado» (v. 40).

«¿Quién es, pues, [o *entonces*] el siervo fiel y prudente, al cual puso su señor sobre su casa para que les dé el alimento a tiempo?» (v. 45).

Mateo 25

«*Entonces* el reino de los cielos será semejante a diez vírgenes que tomando sus lámparas, salieron a recibir al esposo» (v. 1).

«*Entonces* todas aquellas vírgenes se levantaron, y arreglaron sus lámparas» (v. 7).

«Y [*entonces*] el que había recibido cinco talentos fue y negoció con ellos, y ganó otros cinco talentos» (v. 16).

«Pero [*entonces*] llegando también el que había recibido un talento, dijo: Señor, te conocía que eres hombre duro, que siegas donde no sembraste y recoges donde no esparciste» (v. 24).

«Cuando el Hijo del Hombre venga en su gloria, y todos los santos ángeles con él, *entonces* se sentará en su trono de gloria» (v. 31).

«*Entonces* el Rey dirá a los de su derecha: Venid, benditos de mi Padre, heredad el reino preparado para vosotros desde la fundación del mundo» (v. 34).

«*Entonces* los justos le responderán, diciendo: Señor, ¿cuándo te vimos hambriento, y te sustentamos, o sediento, y te dimos de beber?» (v. 37).

«*Entonces* dirá también a los de la izquierda: Apartaos de mí, malditos, al fuego eterno preparado para el diablo y sus ángeles» (v. 41).

«*Entonces* también ellos le responderán, diciendo: Señor, ¿cuándo te vimos hambriento, sediento, forastero, desnudo, enfermo, o en la cárcel, y no te servimos?» (v. 44).

«*Entonces* les responderá, diciendo: De cierto os digo que en cuanto no lo hicisteis a uno de estos más pequeños, tampoco a mí lo hicisteis» (v. 45). *New American Standard Bible*

Acerca del Autor

Derek Prince
(1915-2003)

De padres británicos, nació en la India. Se formó como erudito en griego y latín en la Universidad de Eton (Eton College) y en la Universidad de Cambridge, Inglaterra, obtuvo una beca en Filosofía Antigua y Moderna en la Universidad del Rey (King's College). Estudió también varias lenguas modernas incluyendo hebreo y arameo en la Universidad de Cambridge y en la Universidad Hebrea de Jerusalem.

Mientras servía en el ejército británico, durante la segunda guerra mundial, comenzó a estudiar la Biblia y tuvo un encuentro personal con Jesucristo que cambió su vida. A partir de ese encuentro, llegó a dos conclusiones: primera, que Cristo vive; y segunda que la Biblia es un libro verdadero, sobresaliente, notable y actualizado. Estas conclusiones alteraron el curso de su existencia. Desde entonces, dedicó su vida a estudiar y enseñar la Palabra.

Su don principal era explicar la Biblia y sus enseñanzas en un modo claro y sencillo que ha ayudado a construir los fundamentos de fe de millones de vidas. Su enfoque no denominacional y no sectario hace de sus lecciones un elemento eminente y de gran utilidad para personas de todos los antecedentes raciales y religiosos.

Su programa radial diario: "El Legado de Derek Prince" ha sido traducido a idiomas como árabe, chino, español, croata, malayo, mongol, ruso, alemán, samoano y tongano y otros. Es autor de más de cincuenta libros y más de quinientos casetes de audio y de ciento cuarenta videos de enseñanza, muchos de los cuales se han traducido y publicado en sesenta idiomas y aun continúa tocando vidas alrededor del mundo.

Estos son algunos del gran número
de libros de Derek Prince,
disponibles actualmente en español

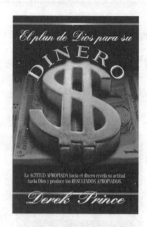

Otros títulos:

Guerra en el cielo	**Moldeando la historia**
Echarán fuera demonios	**Esposos y padres**

Pídalos a:
Editorial Desafio
Cra. 28A No. 64A-34, Bogotá,
Colombia Tel: (57) 1 6 300 100
Internacional (1) 786 206 9327

www.editorialdesafio.com
Email: desafio@editorialbuenasemilla.com